普通高等学校新形态公共体育“十三五”规划教材

现代大学体育与健康教程

（第2版）

谢桂西 芦艺 ◉ 主编
朱晓军 丁玲 郝锡娟 ◉ 副主编
刘军平 ◉ 主审

人民邮电出版社
北京

图书在版编目（CIP）数据

现代大学体育与健康教程 / 谢桂西，芦艺主编. --
2版. -- 北京 : 人民邮电出版社，2019.9（2020.9重印）
普通高等学校新形态公共体育“十三五”规划教材
ISBN 978-7-115-51245-1

Ⅰ. ①现… Ⅱ. ①谢… ②芦… Ⅲ. ①体育－高等学校－教材②健康教育－高等学校－教材 Ⅳ. ①G807.4
②G647.9

中国版本图书馆CIP数据核字(2019)第155742号

◆ 主　　编　谢桂西　芦　艺
副 主 编　朱晓军　丁　玲　郝锡娟
主　　审　刘军平
责任编辑　王亚娜
责任印制　焦志炜

◆ 人民邮电出版社出版发行　　北京市丰台区成寿寺路 11 号
邮编　100164　　电子邮件　315@ptpress.com.cn
网址　http://www.ptpress.com.cn
涿州市京南印刷厂印刷

◆ 开本：787×1092　1/16
印张：12.5　　　　2019 年 9 月第 2 版
字数：237 千字　　2020 年 9 月河北第 3 次印刷

定价：46.00 元

读者服务热线：(010)81055256　印装质量热线：(010)81055316
反盗版热线：(010)81055315
广告经营许可证：京东市监广登字 20170147 号

本书编委会

主　编：谢桂西　芦　艺

副主编：朱晓军　丁　玲　郝锡娟

编　委：周　俊　梁　鹭　李　丽　刘　坚

　　　　饶　欢　蔡仲进

主　审：刘军平

前 言

“大学体育”是集大学生身体及心理健康教育、思想道德教育、科学文化教育于一体的一门公共必修课程，是引导大学生学习掌握体育知识、技能，锻炼身体，增强体质，增进健康的教育活动，是对当代大学生进行培育和塑造的一个重要环节，是高等院校文化教育的重要组成部分。

随着高等院校教育改革的不断深化，高等院校体育教育的改革和发展取得前所未有的成就。《中共中央 国务院关于加强青少年体育增强青少年体质的意见》和《国家中长期教育改革和发展规划纲要（2010—2020 年）》等文件明确指出，要把增强学生体质作为学校教育的基本目标，培养学生的终身体育意识和健康的生活方式，广泛开展学校“阳光体育运动”，丰富大学生校园体育文化生活。

大学体育教育的目标是贯彻执行“学校教育要树立健康第一”的指导思想，让大学生掌握体育的基础知识、基本技术和基本技能，使其切实地把体育理论和体育实践结合起来，把大学生培养成 21 世纪富有竞争力的合格人才。

本书根据大学生的体育兴趣、运动基础、健康状况，按照体育健身规律，从生物运动科学、健身教育、运动技能、竞赛知识等方面做了较详细的讲述。本书理论部分阐述科学的体育健康观，根据大学生关注的热门话题，详细介绍体育科学锻炼方法、体育锻炼对人体的影响等；实践部分主要介绍各项体育项目的基本动作、基本战术及相关的竞赛规则，正确引导大学生的体育参与意识。

本书力求贴近现代大学生的特点和需要，注意体育与健康的有机结合，使大学生在加强身体锻炼的同时，学习一些体育保健和健康知识，使体育教学内容既有身体锻炼的手段，又有健康锻炼的基础理论和健康生活的科学方法，为大学生体育课程的学习和身体锻炼提供科学的指导，同时也为推进大学生素质教育奠定一定的理论基础。

为丰富教学形式，本书配备了增强现实 App，帮助大学生在有趣的互动中提高对基础运动的感性认识，更加直观地了解运动规律，快速掌握运动要领。增强现实 App（Android 版本）的下载和使用步骤简介如下。

（1）扫描二维码，根据系统提示，选择“在浏览器中打开”。

（2）在打开的相应页面下载“大学体育”App。

（3）在手机桌面找到“大学体育”App，点击图标打开应用。

（4）在输入框中输入您的学校名称。

（5）点击“进入场景”，用手机扫描本书中带“AR”标记的图片，即可进入增强现实学习模式。

本书由武汉传媒学院的谢桂西、芦艺主编，朱晓军、丁玲、郝锡娟任副主编，全书由刘军平主审。在编写过程中，我们以自己积累的知识为主，同时研究了大量的参考书籍最终编著成书，为此，我们向原作者致以最诚挚的谢意。

由于编者水平有限，书中难免有疏漏之处，恳请广大专家学者和读者不吝赐教。

编　者

2019年5月

目　录

第一章

体育锻炼与健康促进

体育锻炼是一种以身体运动为基本手段的活动，其最终目的是促进人们身心的发展。科学地进行体育锻炼对大学生促进身体的正常发育和发展、提高心理健康水平、增强社会适应能力具有重要作用。

要点提炼：

1. 科学锻炼的原则。
2. 体育锻炼对健康的促进作用。

1.1 体育锻炼的科学方法

1.1.1 科学锻炼的原则

科学锻炼的原则指科学锻炼身体必须遵循的规律。科学锻炼的本质在于发展身体、增进健康。大学生只有运用科学锻炼的原则和方法进行锻炼，才能事半功倍，获得理想实效，达到预期目标。

体育锻炼应遵循以下 4 条原则。

1. 自觉性原则

自觉性原则是参加体育锻炼者，对自己设定的行为目标采取的一种主动性行为。

体育锻炼本身是一种克服自身惰性、战胜各种困难的自我锻炼和完善的过程，也是自我养成良好习惯的过程。大多数大学生能认识到体育锻炼对增强体质，提高学习、工作效率的作用，并把身体锻炼作为每天生活中不可缺少的一部分，对体育锻炼的态度是自觉的、积极的；而一部分大学生还未能充分认识到锻炼身体的重要性，因此在锻炼时，态度消极被动，收不到应有的锻炼效果。自觉性锻炼的要求如下。

（1）明确目的、端正动机

大学生参加体育锻炼的目的各不相同，有的是出于对某项运动的兴趣，有的是出于增强体质的需要，无论目的为何，大学生都应该坚定目标，端正态度，明确体育锻炼的意义，才能更好地坚持。

（2）培养兴趣、调动积极性

大学生在开始进行体育锻炼时，无论对内容、方法的选择或对运动负荷的安排，都应从有利于培养兴趣入手，养成体育锻炼的习惯，这对于调动大学生锻炼的积极性十分重要。

2. 经常性原则

体育锻炼必须持之以恒。体育锻炼的直接作用是促进机体内异化作用的加强，加快体内物质的合成，从而使机体内部的物质得到补充。如果大学生坚持经常锻炼，身体内就会形成生物钟节律，有助于提高锻炼效果；反之体育锻炼时断时续或长时间停止锻炼，身体已形成的各种机能就会慢慢减弱。因此，强健的体魄和较高的运动水平，并非一朝一夕就能练就，已取得的锻炼成果也不是一劳永逸的。大学生只有经常坚持体育锻炼，保证锻炼时间、次数、强度的衔接性和连续性，才能收到良好的效果。

经常性锻炼的要求如下。

（1）合理安排锻炼间隔

大学生在每天的生活中，要有规律地坚持体育锻炼，合理地安排时间，开始时可隔日一次，适应后再增加次数。

（2）增强锻炼的决心和信心

锻炼后肌肉酸痛是正常的生理反应，随着机体的适应会逐渐消失。大学生要坚持完成每次锻炼的内容，保证锻炼的时间和质量，不断增强信心。

3. 渐进性原则

大学生在进行体育锻炼时必须按人体自然发展、机体适应性规律和超量恢复原理，逐步积累锻炼效果。大学生每次锻炼的负荷量应在机体能承受的范围内。经过一段时间的锻炼后，原来的负荷会变得不再适应，需要做适当的调整（即增加负荷），才能达到锻炼身体的目的。如果循而不进，只能使体质保持在原有的水平；如果循而冒进，将会损害身体健康。

渐进性锻炼的要求如下。

（1）不能急于求成

体育锻炼不能急于求成，要有目的、有计划、有步骤、循序渐进地进行。

（2）符合自己实际情况

运动负荷必须符合自己的实际情况，一般应在逐步提高“量”的基础上，逐步增大运动强度。锻炼后既有适度的疲劳感觉，又感到胜任愉快，然后再加以调整，才能取得新的锻炼效果。

（3）做好准备活动和放松

大学生在进行体育锻炼时应遵循人体生理机能活动变化规律。人体活动能力的提高，要经过上升阶段、稳定阶段、下降阶段，所以大学生在每次锻炼前要做好充分的准备活动，使身体“预热”，减少肌纤维之间的摩擦；结束后应做好整理放松练习。尤其是在早晨或寒冷的冬天锻炼时，更应重视准备活动，这样可以防止运动损伤。

4. 全面性原则

大学生在进行体育锻炼时应全面锻炼身体的各个部位，提高各器官系统的机能，全方位提升身体素质，达到身心的和谐发展。人体是一个整体，各器官系统是相互影响、相互制约的，任何局部机能的提高，必然促进机体其他部位机能的改善。如果体育锻炼的内容和方法单一，会造成很大的局限性，机体不能获得良好的整体效应。因此，大学生在选择体育锻炼的内容和方法时要做到全面。

1.1.2　科学锻炼的误区

1. 一日之计在于晨，晨练越早越好

清晨，是心脏病发作的高峰期，因为人体内的血液凝聚力较高，血栓形成的危险性较大。相反，黄昏时，人的心跳、血压最平衡，嗅觉、听觉、视觉、触觉最敏感，人体应激能力达到一天的最高峰，既能适应运动时心跳、血压的改变，又能最大限度地化解血栓，所以黄昏是体育锻炼的理想时间。

2. 锻炼内容千篇一律

如果锻炼的范围仅局限于同样的几块肌肉，日复一日，动作单一，当人体完全适应了这种锻炼动作的刺激后，呼吸不再加速，运动过程中消耗的热量就会渐减，锻炼效果就会变差。

3. 大量运动后立即洗澡

机体在运动过后，尤其是大负荷的剧烈运动结束后，皮肤表面的毛细血管会维持一定程度的扩张，汗毛孔变大，以此来调节人体的体温，使体温保持在相对稳定的数值。这时候如果用冷水洗浴，血管会因外部刺激而迅速收缩，血流不畅，致使人体抵抗力下降，易生病；如果洗热水浴、桑拿浴等，血流量会加速流向皮肤和肌肉组织，大脑会因供血不足导致缺氧，重者甚至昏迷休克，这种行为是极度危险的。因此，正确的做法是运动后及时穿衣保暖，补充适量的水分和食物，待汗流量基本恢复平常后，用温水洗浴，洗浴时间尽量控制在 15 min 以内。沐浴结束后也要注意防寒保暖。

4. 大汗淋漓才算达到锻炼效果

大学生不能一味地以出汗量的多少来定论锻炼的效果，而应以自我感觉、呼吸、面色、完成动作质量等更加直观的指标来衡量机体运动疲劳的程度。无论疲劳程度高低，大学生在大汗淋漓的情况下一定要及时补充富含水分和营养的食物，如水果、运动饮料等；否则，身体会因缺乏水分和养分导致虚脱，既影响运动效果，又对健康造成危害。

5. 锻炼期间可以尽情吃喝

许多人认为，锻炼期间身体会消耗很多的热量和碳水化合物，不需要控制饮食就能塑造形体。其实单一的锻炼只能做到热量的入出平衡或不增加肥胖，要想达到最佳锻炼效果，还要保持营养平衡，多吃水果、蔬菜、纤维素、谷物及瘦肉，少喝甜饮料，少吃能榨出油的干果和热量高的食品。

6. 运动结束后不用拉伸

运动结束后的放松运动就好比对达到一定里程数的汽车进行保养维护，目的是使机体得到放松，下一次能够更好地发挥水平。同时，运动后的拉伸放松对肌腱、肌肉和关节的保护都是很有必要的。

1.1.3 科学锻炼的方法

科学锻炼应分 4 步走：自我测试、设置目标、制订计划、实施锻炼。

1. 自我测试

在开始体育锻炼之前，大学生应对自己的体能水平和健康状况有比较充分的了解，以便能根据自己身心的实际情况，有针对性地进行锻炼，以改善自己体能方面的不足。患有疾病的大学生，还需要向医生或保健人员咨询，以免盲目锻炼造成损害健康的不良后果。自我测试的内容包括 3 个方面：①身体形态的测试，如身高、体重、胸围等；②身体机能的测试，如脉搏、血压、肺活量等；③运动能力的测试，如速度、力量、耐力、灵敏度、柔韧性、平衡性等身体素质，跑、跳、投等身体活动能力等。

2. 设置目标

大学生在参加体育运动之前，要注意根据自己体能、技能和健康水平的实际情况，确立明确、具体而适宜的目标。这样做会使运动“有的放矢”，效果更好。

3. 制订计划

如同建筑楼房离不开工程监理的监控一样，科学的锻炼计划也离不开适时的评价和调整，只要有助于长期坚持，就是一个好的锻炼方案。

4. 实施锻炼

大学生在选择运动项目、锻炼方法时，既要满足自己的兴趣爱好，又要注意多种运动项目和健身方法的结合，全面锻炼，以便更好地促进身体全面、协调发展；在运动的同时，还要注意健心，加强意志品质的培养，并提高自己对自然环境的适应能力，全面增进健康。

常见的科学锻炼方法有以下 6 种。

（1）重复锻炼法

锻炼时对同一动作重复的次数越多，身体对运动反应的负荷量越大。运用重复锻炼法的关键是视实际情况掌握好负荷量，并据此调节重复次数。

（2）间歇锻炼法

采用间歇锻炼法时，就是通过在间歇的休息过程中取得的超量恢复（超量恢复指机体承受超过原有运动负荷的刺激后，达到的适应性恢复水平会超过原有的恢复水平）来实现体质的增强。

需要注意的是，间歇时，不要采取静止休息，而应采取积极休息的方法，边轻微活动边休息，如慢速走步、放松手脚、伸腰压腿或深度呼吸等，使肌肉对血管起到按摩作用，帮助血液流回心脏并加速排除代谢产生的废物。

（3）连续锻炼法

连续的作用在于维持负荷量在一定的水平上，既不下降，也不上升，使身体充分地感受运动带来的刺激。连续锻炼法常用于比较容易并已为锻炼者熟悉的动作，如跑步、游泳、健美操等。

（4）循环锻炼法

循环锻炼法由几个不同的练习点组成，一个点上的练习一经完成，锻炼者就迅速转移到下一个点。锻炼者完成所有点上的练习，就算完成了一次循环。循环锻炼法较简单有趣，也可使锻炼者获得综合锻炼，收到良好的锻炼效果。例如，把篮球练习分为立地投篮、三步上篮、全场运球 3 个点，锻炼者逐一完成。

（5）变换锻炼法

采用变换锻炼法可以有效地调节人体生理负荷，提高兴奋性，使锻炼者克服疲劳和厌倦情绪，进而强化锻炼意向，以达到提高锻炼效果的目的。

一方面，锻炼条件、环境的变化，可使锻炼者的大脑皮层不断产生新的刺激，提高兴奋性、维持其锻炼的兴趣，从而提高机体对负荷的承受能力，增强锻炼效果；另一方面，锻炼内容、时间、动作速率等的变更，可有效地调节锻炼者的生理负荷，使机体不断产生适应性变化，达到更好的锻炼目的，如将田径场的长跑变为越野跑。

（6）负重锻炼法

负重锻炼法是使用杠铃、哑铃、沙袋等重物锻炼身体、增强体力的方法。进行负重锻炼时，锻炼者应该采用最大摄氧量和最大心输出量以下的负荷，以防止给心血管和呼吸系统带来不良影响。

1.2 体育锻炼的健康效应

1.2.1 体育锻炼对生理健康的影响

1. 体育锻炼有利于提高神经系统的机能

神经系统包括大脑、脊髓、神经和神经细胞。人在长时间从事脑力劳动之后，会由于大脑供血不足导致缺氧而头昏脑胀。进行体育锻炼，尤其是在新鲜的空气中开展运动，可以改善大脑的供血情况，使大脑消除疲劳、恢复活力。从事体育锻炼还可以延缓脑细胞的衰亡过程，延长大脑的“年轻态”。

进行体育锻炼可以改善神经系统的调节功能，提高神经系统对复杂变化的判断和反应能力，并使神经系统及时做出准确、迅速的应对。经常参加体育锻炼能够加强神经系统兴奋和抑制的交替转移过程，从而改善大脑皮层神经系统的均衡性和准确性，提高脑细胞工作的灵活性、协调性、反应速度、耐受能力等。如果一个人缺乏必要的体育活动，大脑皮层的兴奋性将会下降，导致平衡失调，甚至引发某些疾病。

2. 体育锻炼有利于促进循环系统的机能

循环系统由静脉、动脉和毛细血管组成，它在心脏的驱动下，为人体的各个部位提供氧气和各种养料。

① 经常从事体育锻炼能促进心肌细胞内的蛋白质合成，促使心肌纤维增粗，心壁增厚，心肌力量增强。研究表明，在安静状态下，健康成年人心脏的每搏输出量为70 mL，而经常运动者可达90 mL。

② 通过体育锻炼可以增加血管壁的弹性，并促使大量毛细血管开放，大大加快能量供应，提高人体新陈代谢水平。

③ 通过体育锻炼可以显著降低血脂含量、提升血脂质量，还能有效防治多种疾病。

④ 通过体育锻炼可以降低血压、舒缓心搏，预防心血管疾病。病理学家发现，经常运动的人患动脉硬化的概率要远远低于不常运动的人。

3. 体育锻炼有利于增强运动系统的机能

运动系统由骨、骨连接和骨骼肌组成。运动系统支撑起身体，并保护各器官的系统运作。体育锻炼能够增强运动系统的协调性，使人保持较好的灵活性，能有条不紊、准确、敏捷地完成各种复杂的动作。

通过体育锻炼可使骨密质增厚，骨小梁排列更加规则、整齐，提高骨的坚固性和抗弯、抗断、抗压能力；同时，可促进骨骼中钙的储存，预防骨质疏松。

通过体育锻炼可使肌肉的效能增强，肌肉更加粗壮、结实、发达、有力。

通过体育锻炼还可以增强关节周围肌肉的力量和韧带的柔韧性，从而扩大关节活动的幅度和牢固程度，减少各种外伤和关节损伤。

4. 体育锻炼有利于完善呼吸系统的机能

呼吸系统由呼吸道（鼻、喉、气管和支气管）和肺组成。

通过体育锻炼可以增加肺活量（人体尽全力吸气后再尽力呼出的气体总量）和肺通气量（每分钟尽力呼出或吸入肺内的气体总量）。经常参加体育锻炼，特别是做一些伸展扩胸运动，可使呼吸肌力量增强、胸廓扩大，有利于肺组织的生长发育和肺的扩张，使肺活量增加。同时，进行体育锻炼时需要吸入大量氧气并排出二氧化碳，这就要求呼吸肌加强收缩，使肺泡得到充分张开，加大呼吸的深度，从而有效地增加肺的通气效率，使人体能够承受更大强度的运动量。实验证实，经常参加体育锻炼的人，肺活量可增加 1 000 mL 左右，肺通气量可达 100 L/min 以上，均高于一般人。

5. 体育锻炼有利于优化免疫系统的机能

体育锻炼本身是一种运动负荷的刺激，经过反复刺激，身体的各个系统就会产生形态及功能的适应性变化。在这种应激与适应的生理反应过程中，免疫机能也会相应提高。

6. 体育锻炼有利于强健消化系统的功能

经常进行体育锻炼能促进胃肠蠕动，增加消化液的分泌量。运动中肌肉的收缩和舒张能对胃肠起到按摩作用，在提高食欲的同时增强吸收能力。

但应注意，不宜在饭后即刻进行体育锻炼，或剧烈运动后立即就餐，锻炼和就餐之间要有一定的间隔。一般认为，锻炼后至少休息 30～40 min 再进食，或饭后间隔约 1.5 h 再进行锻炼较为科学。

1.2.2　体育锻炼对心理健康的影响

心理健康又称精神健康，指人能积极调节自己的心理状态，顺应环境（包括自身环境、自然环境与社会环境），有效、富有建设性地发展和完善个人生活。体育锻炼作为促进心理健康的有效手段之一，也越来越受到人们的重视。有关体育运动心理学研究表明，各项体育活动都需要参与者具备较强的自我控制能力、坚定的信心、勇敢果断的意志等心理品质。坚持体育锻炼能够促进大学生心理健康。

1. 坚持体育锻炼可促进智力的发展

正常的智力是正确感知和认识世界的前提，是心理健康的基础，经常参加体育锻炼，不仅使大学生的注意力、记忆、反应、思维、想象力等能力得以改善提高，还可以令大学生情绪稳定、性格开朗，而这些非智力因素对人的智力具有促进作用。

① 坚持体育锻炼可增强神经系统的功能，促进大脑的开发与利用。经常参加体育锻炼的人，其神经系统的调节更趋于准确、灵活；坚持体育锻炼可使兴奋与抑制转换更加合理、协调。

② 坚持体育锻炼能减缓应力反应。应力指个体对应力源或刺激做出的反应。当个体感知的环境要求与他认为的自我能力之间不平衡时，就会出现应激反应。经常参加体育锻炼能降低心率和血压，减轻机体处于消极应激状态下激源对生理的影响。

③ 坚持体育锻炼可在一定程度上消除疲劳，提高学习效率。疲劳是一种综合性症状，它与人的生理和心理因素有关。大学生持续紧张的学习极易造成身心疲劳和神经衰弱，从事体育锻炼能使与文化学习有关的中枢神经得以休息，有利于消除脑力劳动产生的疲劳，提高学习效率。

2. 坚持体育锻炼可培养良好的情感体验

情绪状态是衡量体育锻炼对心理健康影响的最主要的指标。大学生具有兴奋性高、波动性大等较明显的情绪特点，情绪的成熟是大学生人格全面成熟的一个重要方面。研究发现，有紧张烦躁情绪的人只要散步 15 min，紧张情绪就会松弛下来，其原因是运动可增加脑部血流量，促进体内一种能很产生良好感觉的“内啡肽”的释放，从而改善情绪。经常参与体育锻炼的人，还可从运动中不断获取满足，这种满足会令人产生快乐而积极的情绪，并由此不断强化自信心，进而在保持良好的情感体验中更好地完成学习和工作。

3. 坚持体育锻炼有助于促进坚强意志品质的形成

意志品质既是在克服困难的过程中表现出来的，也是在克服困难的过程中培养起来的。参加体育锻炼就需要不断克服主观和客观上的种种困难，如胆怯、疲劳、损伤、气候条件、动作的难度等，有助于磨练大学生的意志，从而培养大学生果断、坚韧等优良的意志品质。

1.2.3　体育锻炼对个体社会适应的影响

大学生的人际交往能力是衡量其能否适应社会的重要标志。体育活动不仅是一种个体活动，更是一种社会性活动。大学生在体育锻炼时，通过手势、表情、身体动作等进行交流与互动，能够满足其交往的心理需要，使其克服孤僻、忘却烦恼，增强社交能力，改善人际关系，提高社会适应能力。

研究指出，经常参加体育锻炼的人更易与他人形成良好的人际关系。坚持体育锻炼还可以增强大学生的社会适应能力、应变能力，有助于大学生培养良好的心理调控能力等。

第二章

田径运动

田径是世界上较为普及的运动项目之一，历史悠久，被誉为“运动之母”。关于其起源大致可以归纳为以下几种：生存并与自然界斗争的手段、古代祭祀中的一项活动、战争的需要、教育的内容等。

如果你想聪明，跑步吧！

如果你想强壮，跑步吧！

如果你想健康，跑步吧！

要点提炼：

1. 田径运动的标准赛场配置。
2. 跳远、跳高、三级跳远、铅球等田赛项目的动作要领与竞赛规则。
3. 短跑和中长跑、接力跑、跨栏跑等径赛项目的动作要领与竞赛规则。

2.1　田径项目的赛场配置

田径运动是由田赛、径赛、公路赛、竞走和越野赛组成的。以高度和远度计算成绩的跳跃、投掷项目统称为田赛，以时间计算成绩的竞走和跑的项目统称为径赛。全能运动由跑、跳、投的部分项目组成，以各单项成绩按“田径全能运动评分表”换算分数、计算成绩。

1896 年在希腊举行的第 1 届现代奥运会上，走、跑、跳跃、投掷等 12 个田径项目被列为主要比赛项目，这成为现代田径运动开始的标志。1912 年，国际田径联合会成立，确立了国际统一的田径竞赛项目和竞赛规则，开始组织国际田径比赛。

田径运动是比速度、比高度、比远度、比耐力的运动，很好地体现了“更高、更快、更强”的奥林匹克运动精神。在奥运会中田径比赛设有 47 枚金牌，是奥运金牌设置最多的运动。

标准的田径场一般由外场、中场及内场 3 部分组成。

1．外场

外场指径赛跑道外侧，主要包括建筑看台或其他有关设施。一般而言，仅供教学和训练的田径场外场留几米即可，而标准田径场四周则要留出几十米的空间。

2．中场

中场指径赛跑道所占据的空间，内圈周长 400 m，为椭圆形。弯道为半圆形，半径为 36.5 m。直道要沿南北方向，以避免太阳位置低时的炫目影响。一般设 8～10 条分道，每条分道宽 1.22～1.25 m。跑道内侧的安全区域不少于 1 m，起跑区不少于 3 m，冲刺缓冲段不少于 17 m。跑道左右倾斜度最大不得超过 1∶1 000，跑的方向上的向下倾斜度不得超过 1∶1000。

3．内场

内场指供田赛或球类比赛使用的部分。

2.2　田赛

田赛包括跳跃项目和投掷项目。跳跃项目分为高度类和远度类，其中高度类有跳高和撑竿跳高，远度类有跳远和三级跳远。投掷项目包括铅球、铁饼、标枪和链球。比赛时，人体或人投掷器械位移距离大者名次列前。

2.2.1　竞赛规则

1．比赛方法

奥运会田赛项目的比赛通常先分两组进行及格赛，通过及格标准的直接进入决赛；如达到及格标准的运动员人数不足 12 人，不足的人数按及格赛的成绩递补。远度项目决赛前 3 轮比赛的顺序通过抽签决定。决赛前 3 轮比赛结束后，按成绩取前 8 名运动员进行最后 3 轮的比赛；第 4 轮、第 5 轮比赛的排序按前 3 轮成绩的倒序排列，第 6 轮比赛的排序则按前 5 轮成绩的倒序排列，成绩最好的在最后跳（掷）。

2. 有效成绩

除犯规外，在跳跃远度项目比赛中，运动员每次试跳的成绩均为有效成绩。除犯规外，在高度项目比赛中，运动员每次跳过的高度均为有效成绩。投掷项目比赛除犯规以外，当运动员投出的器械完全落在落地区内（不包括落地区的边线）才算有效，丈量成绩时从距离投掷区最近的落地点算起。其中，标枪必须是枪尖首先触地其成绩才算有效。

3. 录取名次

远度项目比赛结束以后，以运动员最好的一次试跳（掷）成绩（包括因第一名成绩相等而进行的决名次赛的成绩）作为最后的决定成绩判定名次，成绩好者列前。在远度项目比赛中，如果出现最好成绩相等的情况，则以第二好成绩来确定名次，依此类推，直到最后一个成绩。如果成绩还是相同，除了第一名，之后的名次可以并列；如果涉及第一名成绩相同的情况，必须让这些涉及第一名的运动员继续比赛，直到决出第一名为止。

在高度项目比赛中，如果出现最好成绩相等，则按以下规定解决：①在出现成绩相等的高度上，试跳次数较少者名次列前；②如果成绩仍然相等，则在包括最后跳过的高度在内的决赛等全部比赛中，试跳失败次数较少者名次列前；③如果成绩仍相等，当涉及第一名时，要进行决名次赛，直到分出名次为止；如果成绩不涉及第一名，名次并列。

2.2.2 跳高

跳高要求运动员通过快速助跑，经单脚起跳，越过一定高度的横杆。它能有效地增强腿部肌肉力量，提高弹跳力、灵敏度和协调性。

跳高起源于古代人类在生活和劳动中越过垂直障碍的活动。从生存的本能需要，到健身的手段、娱乐的项目，跳高随着社会经济、文化的发展而演变。最初的跳高比赛是在草地上进行的。运动员面对两根木桩之间的绳子，通过助跑起跳，双腿屈膝越过。现代跳高始于欧洲，19 世纪 60 年代开始流行于欧美国家。男、女跳高分别于 1896 年（第 1 届奥运会）、1928 年（第 9 届奥运会）被列为奥运会比赛项目。

图 2-1 跨越式跳高

跳高的技术动作先后出现过 5 次重大演变，即跨越式、剪式、滚式、俯卧式和背越式，如图 2-1～图 2-5 所示。当代跳高运动趋向于以速度为核心，即要求助跑速度快、起跳速度快、过杆速度快。

图 2-2 剪式跳高

图 2-3 滚式跳高

图 2-4 俯卧式跳高

图 2-5 背越式跳高

背越式跳高以特定的弧线助跑，起跳后背对横杆腾起，连续动作如图 2-6 所示。背越式跳高是现代最常用的一种跳高技术，由助跑、起跳、过杆和落地几个不同的技术环节组成。

AR
启动增强现实动画

图 2-6 背越式跳高连续动作

1. 助跑环节

助跑的任务是获得必要的水平速度和蹬地力量，调整适宜的动作节奏，形成合理的身体内倾姿势，为起跳和顺利过杆创造有利条件。

（1）助跑的起动

助跑起动的方式有两种：原地起动（直接从助跑点上开始助跑的方式）和行进间起动（预先走动或跑动 3～5 步，然后踏上助跑点开始助跑的方式）。原地起动有利于助跑步点的准确性，步长相对固定，但动作较紧张，加速较慢；行进间起动则动作自然、放松，加速较快，但助跑步点不易准确。

（2）助跑的路线

背越式跳高助跑的前段为直线或近似直线，后段 4～5 步跑弧线，如图 2-7 所示。直线助跑时，上体略前倾，步幅开阔，后蹬充分，身体重心平稳且保持高位；弧线助跑时，身体逐渐内倾，外侧的肩略高于内侧的肩，外侧臂和腿的摆动幅度较之内侧要大，如图 2-8 所示。

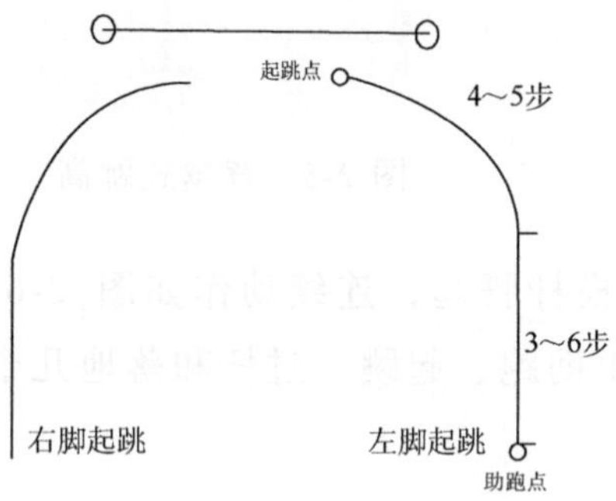

图 2-7　背越式跳高助跑路线

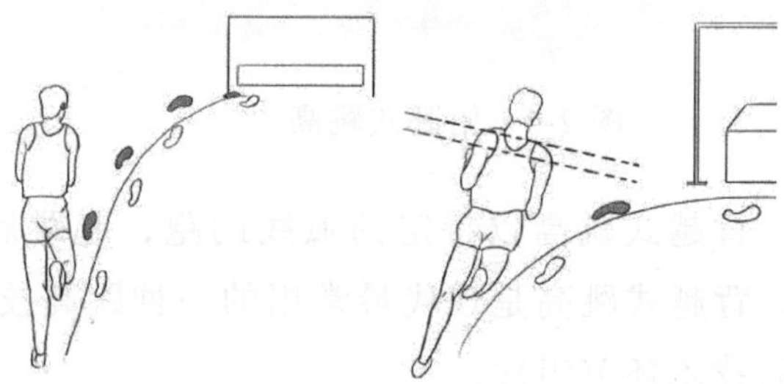

图 2-8　助跑动作要领

（3）助跑的距离

助跑距离指从助跑点到起跳点的距离，全程一般为 8～12 步，距离最长可达 30 m 左右。

（4）助跑的节奏

助跑节奏的具体表现为步频（单位时间内两腿的交换次数）与步长在助跑中的变化。背越式跳高助跑的节奏要求从慢到快，前几步慢，后蹬充分，腾空较大；最后 3～5 步加快频率，但步长变化要小；最后 1 步，争取最快。

（5）助跑的技术要点

整个助跑过程的动作应该自然、放松、快速、连贯，全程节奏明确、逐渐加速。最后 1 步，摆动腿的动作极为关键。腿着地时，积极下压拔地，形成牢固支撑，身体重心迅速前移，进入起跳状态。

2. 起跳环节

起跳是背越式跳高的关键技术。其任务是迅速改变人体的运动方向，实现最大垂直速度和合理的腾空角度，为顺利过杆创造条件。

起跳环节包括起跳脚踏上起跳点，起跳腿经过支撑、缓冲、蹬伸，蹬离地面跳起，摆动腿蹬离地面与臂协调摆动，达到最高位置。起跳腿指用于蹬伸起跳的腿，多选择较有力的腿。摆动腿指起跳时用于协调配合起到摆动作用的腿。

在助跑的最后一步身体内倾达到最大限度时，摆动腿用力后蹬，推动髋部迅速前移，使起跳腿快速踏上起跳点，形成肩轴与髋轴交叉扭紧姿势，如图 2-9 所示。接着，起跳脚以脚跟外侧着地并迅速过渡到全脚掌，脚尖朝向助跑弧线的切线方向，起跳腿自然屈膝并被压紧。随着身体由内倾转为垂直，起跳腿的髋、膝、踝 3 个关节依次迅猛发力，快速完成蹬伸起跳的动作。

蹬伸结束时，起跳腿的髋、膝、踝 3 个关节应该充分伸直，使身体垂直于地面，以保证身体向垂直方向充分腾起，如图 2-10 所示。

图 2-9 起跳环节技术

图 2-10 蹬伸结束动作

3. 过杆与落地环节

过杆与落地环节指起跳腾空后，头、肩、背、腰、髋、腿等身体的各部分利用合理的技术动作依次越过横杆，并安全地落在海绵包上的过程。

起跳结束时，充分伸展身体，向上腾起。利用摆动腿的力量尽量提高髋部位置，然后摆动腿同侧的臂、肩领先过杆，顺势仰头、倒肩、挺髋。头与肩过杆后下沉，髋部高过两膝，身体形成反弓形。当髋部越过横杆时，顺势收腹，带动小腿向上甩，整个身体越过横杆，保持屈髋、伸膝的姿势下落，使肩背先着垫，如图 2-11 所示。

过杆

落地

图 2-11　过杆与落地

温馨提示

仰头过杆后顺势收下颌，避免头部最先落地，造成颈部受伤。

2.2.3　跳远

跳远是通过快速的助跑和有力的起跳，采用合理的腾空姿势和动作，使人体腾跃出尽可能远的水平距离的运动项目。它能有效地发展弹跳力和协调性，增强神经系统、循环系统和运动器官的机能。

跳远起源于远古人类猎取或逃避野兽时跨越河沟的活动，后成为军事训练的手段，也是公元前 708 年古代奥运会五项全能项目之一。现代跳远运动始于英国，男、女跳远分别于 1896 年（第 1 届奥运会）和 1948 年（第 14 届奥运会）被列为奥运会比赛项目。

跳远技术包括助跑、起跳、腾空和落地 4 个环节，如图 2-12 所示。

AR
启动增强现实动画

起跳

腾空（1）

腾空（2）

落地（1）

落地（2）

图 2-12 跳远技术包括的后 3 个环节

1. 助跑环节

（1）助跑的任务

助跑的任务是获得最大的水平速度，为准确踏板和迅速有力地起跳做好准备。

（2）助跑的起动方式

助跑的起动方式有原地起动和行进间起动两种。前者更适合于初学者。

（3）助跑的加速方式

助跑常用的加速方式有两种，即平稳加速（也称为逐渐加速）和积极加速。平稳加速方式：开始步频较低，然后逐渐加大步长或在保持步长的基础上提高步频，加速过程均匀平稳，时间较长。其助跑动作比较轻松，起跳时踏板的准确性好，成绩比较稳定。积极加速方式：上体前倾较大，步频始终保持较高的水平。其助跑动作比较紧张，起跳时踏板的准确性差，适合于绝对速度较快的运动员。

（4）助跑距离

助跑距离指从助跑起点到踏跳板的距离。一般而言，技术水平越高，速度越快，助跑距离越长。男子助跑距离为35～45 m，18～24步；女子助跑距离为30～35 m，16～18步。助跑距离并非固定不变，可以根据环境条件的变化和个人的身体情况进行相应的调整。

（5）助跑节奏

助跑节奏表现为对步长、步频变化的控制，以利于快速提升速度。跳远助跑的最后几步呈加速状态，身体重心适当下降，为快速起跳做好准备。

2. 起跳环节

起跳的任务是利用助跑所获得的最高速度，瞬间创造尽可能大的腾起初速度（是由助跑、起跳所产生的水平速度合成的）和适宜的腾起角度，使身体充分向前上方腾起。

起跳是跳远技术中最重要的环节。起跳的动作过程可分为起跳脚着地（上板）、缓冲和蹬伸3个阶段，如图2-13所示。着地要迅速且富有弹性，缓冲时要及时、积极地前移身体，蹬伸是爆发式动作，要快而有力。

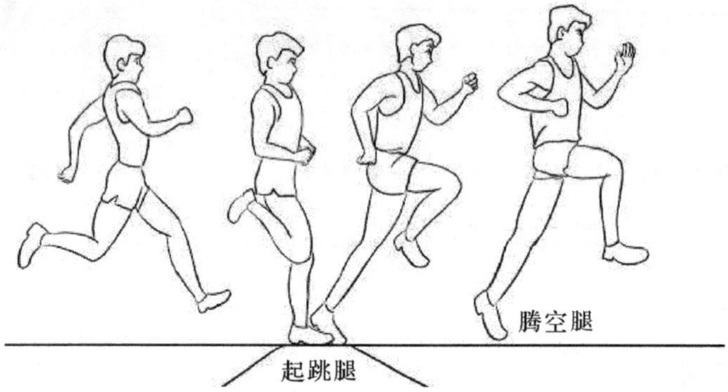

图2-13 起跳动作

起跳时，要抬头挺胸，上体正直，提肩、拔腰，髋、膝、踝3个关节要充分蹬直，蹬摆配合要协调，一致用力。

3. 腾空环节

腾空环节指起跳后人体在空中维持身体平衡、完成各种动作的环节。跳远的腾空动作目前主要有挺身式、蹲踞式和走步式3种姿势，如图2-14所示。

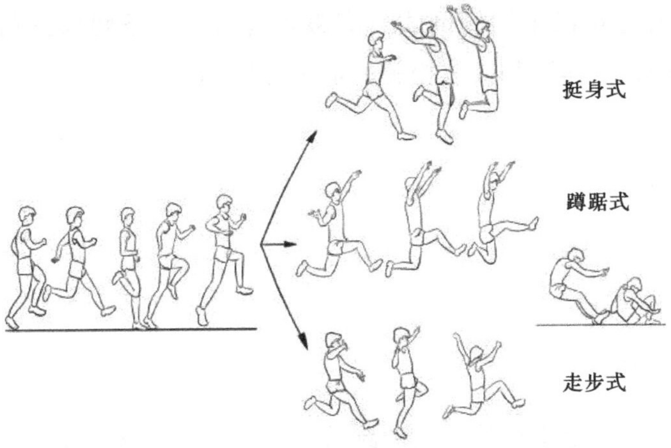

图 2-14　跳远腾空动作的 3 种姿势

（1）挺身式

采用挺身式时，起跳成腾空步（起跳结束时，身体姿势在空中的延续）后，摆动腿下落，膝关节伸展，小腿由前向下向后呈弧形摆动，两臂下垂经由体侧向后上方绕环摆动，起跳腿自然回摆向摆动腿靠拢，形成空中挺胸展髋的姿势。继而收腹举腿，大腿向胸部靠拢，小腿前伸，两臂上举或后摆，顺势落地。

（2）蹲踞式

采用蹲踞式时，起跳成腾空步后，上体保持正直，腿继续向上摆动，起跳腿顺势屈膝前摆，逐渐靠近摆动腿，使两腿屈膝在空中成蹲踞姿势。然后收腹举腿并前伸小腿，两臂由后向前摆动，使身体重心前移，顺势落地。

（3）走步式

采用走步式时，起跳成腾空步后，以髋关节为轴，摆动腿，用大腿带动小腿，由前向后下方摆动，同时起跳腿屈膝前摆，向上抬起大腿，前伸小腿，在空中自然地完成换步动作。两臂与下肢协调配合做大幅度直臂绕环摆动或自然前后摆动，然后摆动腿顺势前摆，两腿靠拢，收腹举腿，前伸小腿，顺势落地。在空中完成一次换步后落地的称为“两步半”走步式，完成两次换步后落地的称为“三步半”走步式。

4. 落地环节

落地环节指腾空后落入沙坑的着地动作环节。其任务是选择合理的技术，获得较大的跳跃距离，并防止伤害事故的发生。

完成腾空动作后，收腹举腿，小腿前伸，脚尖勾起，两臂向后摆动。脚跟触及沙面后，迅速屈膝缓冲，臀部顺势前移，两臂由后向前摆动，上体前倾，呈团身姿势，平稳地落入沙坑。

此外，落地时还可以采用侧倒式：脚跟着地后，一条腿保持稍紧张状态支撑沙地，另一条腿放松，上体顺势向放松腿的前侧方卧倒。

温馨提示

落地时无论采用何种姿势，都应顺势缓冲，身体重心前移，以保证安全。

2.2.4 三级跳远

三级跳远是经过一定距离的直线助跑后，通过 3 次连续跳跃（单足跳、跨步跳、跳跃）达到尽可能远的水平距离的运动项目，如图 2-15 所示。它能有效地增加下肢力量，提升弹跳力、灵敏度和协调性，增强支撑器官（腿、足、膝、踝等）和内脏器官的功能。

助跑　单足跳

跨步跳　跳跃+落地

图 2-15 三级跳远

三级跳远起源于爱尔兰，当时的跳法是“单足跳 + 单足跳 + 跳跃”。后来，又出现了希腊式的“跨步跳 + 跨步跳 + 跳跃”和苏格兰式的“单足跳 + 跨步跳 + 跳跃”。1908 年，国际田径联合会确定苏格兰跳法为正式的三级跳远比赛技术。

三级跳远比赛时，运动员助跑后应连续完成 3 次不同形式的跳跃：第一跳为单足跳，用起跳腿落地；第二跳为跨步跳，用摆动腿落地；第三跳为跳跃，必须用双脚落入沙坑。男、女三级跳远分别于 1896 年（第 1 届奥运会）和 1992 年（第 25 届奥运会）被列为奥运会比赛项目。

三级跳远技术可以分为助跑、第一跳（单足跳）、第二跳（跨步跳）和第三跳（跳跃）4 个部分。每一跳均包括起跳、腾空和落地环节。

1. 助跑技术

水平速度是决定三级跳远成绩的关键因素。助跑的目的就在于获得尽可能大的水平速度，为单足起跳做好准备。

三级跳远的助跑技术与跳远基本相同，但第一跳起跳的腾起角（指人体离地时，身体重心腾起初速度方向与水平线构成的角度）较小，因此整个助跑过程中身体重心较高，加速平稳，强调向前行。最后几步，大腿高抬，上体正直，在保持步长或适当减少步长的情况下，加快步频，准备起跳。

助跑距离取决于个人的加速能力。加速能力强，则助跑距离短；反之，则助跑距离长。助跑距离一般为 35～40 m，相当于 18～22 步。

2. 第一跳（单足跳）技术

三级跳远的起跳是以单足跳的形式完成的。这一跳不仅要达到必要的远度，而且要尽可能减少水平速度的损失，为后两跳创造条件。

第一跳以有力的腿做起跳腿。助跑的最后一步，当摆动腿积极蹬地向前送髋时，起跳腿的大腿快速下压，小腿自然前伸，用全脚掌迅速积极地踏板。起跳腿着地后，迅速屈膝屈踝缓冲，摆动腿快速向前上方大幅度摆出，两臂配合下肢动作有力地摆动，起跳腿迅速、及时地进行爆发性蹬伸。

起跳离地后，身体保持腾空步姿势。摆动腿使小腿随大腿下放，自然地从前向下、向后摆动，同时髋部上提，起跳腿屈膝前摆高抬，带动髋部前移，两臂配合经体前摆向身体侧后方，形成空中交换步的动作，幅度大且平稳，如图 2-16 所示。单足跳的腾空轨迹应尽量低而平，理想的起跳角度为 12°～15°。

完成交换步的起跳腿前摆蹬伸，迅速、有力地用全脚掌着地，两臂和摆动腿配合起跳腿动作向前摆动。落地点尽量接近身体重心投影点，上体保持正直。

图 2-16　第一跳技术

3. 第二跳（跨步跳）技术

三级跳远的第二跳为跨步跳，如图 2-17 所示，它在三跳中难度最大、距离最短、身体重心的抛物线最低。起跳角度与单足跳几乎相同，一般为 12°～14°。

当单足跳落地时，起跳腿积极完成缓冲并快速、有力地蹬离地面，髋、膝、踝关节充分伸展。摆动腿迅速屈膝向前上方摆动，足尖上挑，大小腿成 90° 角，膝部应摆至身体重心的上方。同时，上体保持正直或稍前倾，两臂成弧形向侧后方摆动，完成跨步跳的腾空跨步动作，如图 2-17 所示。注意保持身体平衡，并达到必要的远度。

跨步跳结束时，髋部前移，摆动腿大腿下压，膝关节伸展，小腿顺势由前向后用全脚掌落地并积极"后扒"，两臂由后向前上方摆动，完成第二跳的落地动作。

图 2-17　第二跳技术

4. 第三跳（跳跃）技术

第三跳是以第二跳的摆动腿做起跳腿，起跳角度应稍大，一般为 18° ~20° 。

起跳腿着地后应适度屈膝屈踝积极缓冲，上体正直，髋部上提，迅速、有力地蹬直离地。同时，摆动腿迅速屈膝向前上方高抬摆动，两臂则由体侧后方积极地向前上方摆动，保持腾空步动作，如图 2-18 所示。

第三跳的空中和落地动作与跳远时一样，可以选择蹲踞式、挺身式或走步式。

温馨提示

三级跳远中必须注意保持身体的平衡，维持较高的水平速度，配合大幅度的协调蹬摆，控制三跳的直线性，从而提高效果。

图 2-18　第三跳技术

2.2.5　铅球

铅球是一种速度力量型投掷项目，它协调利用人体全身的力量，运动员以最快的出手速度，将铅球从肩上锁骨窝处单手推出。它能有效地增强躯干及四肢尤其是腰背的肌肉力量，提高速度，提升协调性。

铅球起源于古代人类用石块猎取禽兽或防御攻击的活动，大致经历了投掷石块、投掷炮弹和推铅球 3 个阶段。现代铅球运动始于 14 世纪 40 年代欧洲炮兵闲暇时推掷炮弹的游戏和比赛。铅球的制作经历了用铅、铁及外铁内铅的过程。推铅球的技术大致经历了 4 个阶段的演变：原地推铅球、侧向滑步推铅球、背向滑步推铅球、旋转推铅球。

正式比赛时，男子铅球的质量为 7.26 kg，直径 11～13 cm；女子铅球的质量为 4 kg，直径为 9.5～11 cm。投掷圈直径为 2.135 m，前缘装有抵趾板。扇形有效落地区的角度为 34.92°。男、女铅球分别于 1896 年（第 1 届奥运会）和 1948 年（第 14 届奥运会）被列为奥运会比赛项目。

背向滑步推铅球的技术要领包括（以右手为例）握球和持球、准备姿势、滑步、最后用力、缓冲。

1. 握球和持球

握球和持球时，五指自然分开，将球体置于食指、中指和无名指的指根处，拇指和小指扶住球体两侧，手腕后屈，以防止球体滑动并便于控制出球的方向，如图 2-19 所示。

图 2-19　握球和持球

手指力量较强者，可将球适当移向手指的上方，有利于拨球和发挥手腕的力量。

握好球后，将球放在右肩锁骨窝处，紧贴颈部，掌心向前，右臂屈肘，肘部稍外展且略低于肩，上臂与身体的夹角约为 45°。

> **温馨提示**
>
> 将铅球的重心固定在食指、中指的指跟或第二指骨处。

2. 准备姿势

准备姿势（见图 2-20）是滑步前的准备动作，目的是为协调、平稳地进入滑步创造条件。

准备姿势

滑步

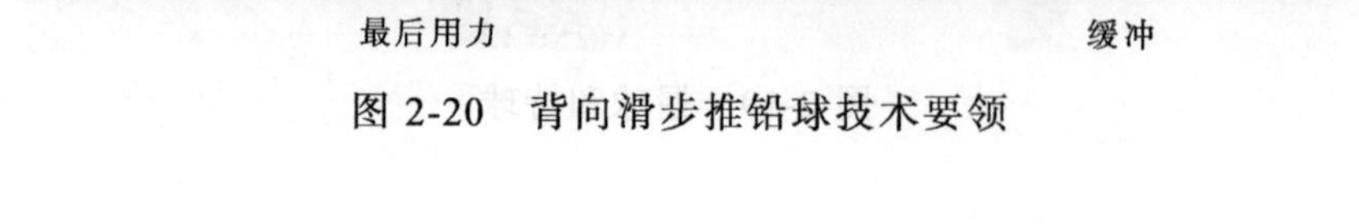

最后用力　　　　缓冲

图 2-20　背向滑步推铅球技术要领

（1）高姿势

高姿势的动作要领：持球后背对投掷方向，两脚前后开立，相距 20～30cm，右脚尖靠近投掷圈后端内沿（脚也可稍向内转），体重主要落在伸直的右腿上；左腿在后自然弯曲，以前脚掌或脚尖着地；上体放松，头部和躯干保持正直，左臂自然上举，如图 2-21 所示。

（2）低姿势

低姿势的动作要领：持球后背对投掷方向，两脚前后开立，相距 50 ~ 60cm（根据身高和下蹲的程度而定）。两腿弯曲（弯曲程度视个人力量而定），体重落于右腿。右脚尖贴近投掷圈后端内沿（脚也可稍向内转），左脚在后，以前脚掌或脚尖着地。左臂自然下垂，左肩稍向内扣，上体前屈与地面平行，两眼注视前下方。铅球的投影点在右脚的右侧前方，如图 2-22 所示。

图 2-21 高姿势

图 2-22 低姿势

3. 滑步

滑步（见图 2-20）使铅球获得一定的水平方向的起始速度，并使身体形成最后用力的有利姿势。

滑步前可以先做一两次预摆（也可不做），以改变身体的静止状态。预摆时，左腿自然弯曲，大腿用力向后上方摆起，右腿伸直，同时上体前屈，左臂微屈前伸或下垂并稍向内，头与背保持一条直线，如图 2-23 所示。当左腿摆至与地面平行时，收回左腿，同时右腿弯曲，形成屈膝团身的姿势。

图 2-23 滑步

当左腿收回靠近右腿时，臀部后移。左腿向投掷方向快速摆出，同时右腿用力蹬伸。当右脚蹬离地面后，迅速拉收小腿并向内转动，用前脚掌着地，落于圆心附近。同时左脚积极下落，以前脚掌内侧落在圆圈直径的左侧。两脚着地的时间相隔越短越好。此时肩轴与髋轴成扭紧状态，左脚尖与右脚跟约在一条直线上（对投掷方向而言）。

滑步过程中左臂和左肩保持内扣，头部保持向右后方的姿势，以保证上体处于扭紧状态，如图 2-24 所示。

图 2-24　滑步动作要领

4. 最后用力

最后用力（见图 2-20）阶段为从左脚落地到铅球出手。

左脚落地的瞬间，右腿继续向投掷方向转动并积极蹬伸，转髋转体。同时上体逐渐抬起，左臂向胸前左上方摆动，左肩高于右肩，大部分重心仍落在弯曲而压紧的右腿上，身体成“侧弓状”，如图 2-25 所示。

随着右腿蹬伸，右髋和右肩前送，身体重心由右腿快速移至左腿。随即两腿充分蹬伸，抬头（稍有后仰），屈腕且稍向内转，右臂迅速而有力地将球推出，如图 2-26 所示。

5. 缓冲

铅球出手后，右腿随势前摆，着地于左脚附近；左腿后摆，两腿交换并弯曲，以降低身体重心，缓冲向前的冲力，维持身体平衡，防止出圈犯规，如图 2-20 所示。

图 2-25　最后用力阶段

图 2-26　推出铅球的动作

2.3　径赛

本节介绍短距离跑、中长距离跑、跨栏跑、接力跑的概况，详细阐述其技术要领。

2.3.1　竞赛规则

1．短跑、中长跑的规则

短跑

（1）名次判定

在田径比赛中，所有赛跑项目参赛者的名次取决于其身体躯干（不包括头、颈、臂、腿、手或足）抵达终点线后沿垂直面为止时的顺序，以先到达者名次列前。在任一赛次中，按成绩录取进入下一赛次时如遇运动员成绩相等，则终点摄像主裁判应考虑有关运动员的 1/1 000 s 的实际成绩。如果成绩依然相等，则有关运动员均应进入下一赛次。如实际条件不允许，应抽签决定进入下一赛次的人选。在决赛中第一名成绩相同，裁判长有权决定是否重赛，若无条件重赛，则并列第一；至于其他名次成绩相同，按并列处理。

（2）起跑

在国际赛事中，所有 400 m 或以下的径赛项目，必须采用蹲踞式起跑及起跑器。

发令员口令为“各就位”“预备”，最后发令枪响。在“各就位”及“预备”口令之后，参赛者应立即完成有关动作，否则属起跑犯规。如果有运动员抢跑，发令员就会宣布起跑犯规。对第一次起跑犯规的运动员应给予警告，除了全能项目之外，每项比赛只允许运动员一次起跑犯规而不被取消资格，再次起跑犯规将被取消该项目的比赛资格。

在全能比赛中，如果一名运动员两次起跑犯规，将被取消比赛资格。

除此以外，在“各就位”口令发出后，以声音或动作扰乱他人，也判为起跑犯规。在枪声响起前有任何起跑动作，均属起跑犯规。如因仪器或其他原因而非运动员造成的起跑，应向所有运动员出示绿牌。

400 m 以上（不含 400 m）的径赛项目，均采取站立式起跑。发令员口令为“各就位”，当所有参赛者在起跑线后准备妥当静止后，便可鸣枪开始比赛。

2. 接力跑的规则

4×100 m 接力是分道进行的，接棒者可以在接力区前 10 m 内起跑。

在接力赛中，运动员必须在 20 m 的接力区内完成交接棒。“接力区内”的判定是根据接力棒的位置，而不是根据参赛者的身体或四肢的位置。

在 4×400 m 接力中，第 1 棒全程及第 2 棒的第一弯道是分道跑，第 2 棒运动员要跑至抢道线后方可自由抢道。第 1 棒的传接必须在参赛者指定的跑道内进行，其余各棒的传接，裁判员根据第 2 棒及第 3 棒运动员通过 200 m 起点处的先后，按次序让其第 3 棒及第 4 棒的运动员在接力区内，由内至外排列等候接棒。所有接棒者均不可在接力区外起跑。

接力棒必须拿在手上，直到比赛结束为止。完成交接棒后，运动员应留在本队的跑道中以免因影响他人而被取消比赛资格。任何人掉了棒，必须由其本人拾回，而且要在不影响别人的情况下，方可越出自己的跑道拾回接力棒。

3. 跨栏跑的规则

各参赛者必须在自己的跑道内完成比赛，当参赛者跨越栏架时，若其腿或足从低于栏架顶的水平线跨越，或跨越并非自己赛道上的栏架，或故意以手或足撞倒任何栏架，均取消其参赛资格。

4. 分道

运动员在所有短跑、跨栏跑和 4×100 m 接力中自始至终都必须在自己的跑道里。800 m 和 4×400 m 接力，在自己的跑道里起跑，当运动员通过抢道标志线以后才能离开自己的跑道，切入里道。运动员的跑道由技术代表抽签确定。第 2 轮开始的各轮比赛，跑道的选择还需依据运动员在上一轮的比赛结果，如排名前 4 位的运动员抽签后分别占据第 3、第 4、第 5、第 6 跑道，后 4 名抽签排定第 1、第 2、第 7、第 8 跑道。

在分道跑和部分分道跑的径赛项目中，运动员越出跑道，获得实际利益或冲撞、阻碍其他参赛者，会被取消资格。如果运动员被推或挤出指定的跑道，只要未获得实际利益也未影响他人，可不取消其参赛资格。同样，任何运动员在直道中越出其跑道或在弯道中越出其跑道的外侧，只要没有获得实际利益及阻碍他人，均不算犯规。

5. 赛次和分组

径赛一般分为第 1 轮、第 2 轮、半决赛和决赛 4 个赛次。而赛次的安排和分组，以及每一赛次的录取人数等将根据报名参加比赛的人数决定。预赛分组时要尽可能把成绩好的运动员平均分配到不同的小组中去。在其后的各轮比赛中，分组依据运动员在前一轮的比赛成绩。如果可能，相同国家或地区的运动员应分开。

6. 风速

在 100 m、200 m 和 100 m 栏、110 m 栏比赛中，如果顺风超过 2 m/s，运动员创造的成绩就不能成为新纪录。

7. 公路赛的规则

奥运会公路赛包括男、女 20 km 竞走和男 50 km 竞走，以及男、女马拉松比赛。

（1）起跑

当发令员召集运动员到出发线以后，运动员按抽签排定的顺序排列。发令员枪响以后比赛开始，任何人两次抢跑都会被取消比赛资格。

（2）取胜

躯干第一个触到终点线的运动员为优胜者。

（3）饮料站

在比赛的起点和终点应提供水和其他饮料，在比赛路线上每隔 5 km 设置一个饮料站。每一个饮料站内分别设有组委会提供的饮料和运动员自己准备的饮料。在两个饮料站之间还要设置饮水用水站，运动员经过时可以取饮用水，还可以取浸了水的海绵为身体降温。除了已经设置的站点之外，运动员不能从比赛线路的其他地方获得饮料，否则将被取消比赛资格。

2.3.2 短跑和中长跑

1. 短跑

短距离跑（简称短跑）包括 400 m 及 400 m 以下各种距离的赛跑和接力跑，是一种高速度的极限性运动项目。它能有效地提高大脑皮层的兴奋性、中枢神经的协调性和意志转换的灵活性，增强呼吸系统和循环系统的功能，提升运动员的速度、力量、灵敏性和协调性。

跑是人类与生俱来的基本能力，几乎每个国家的文献中都有对跑这种比赛形式的描述。现代短跑起源于欧洲，最早的正式比赛始于 1850 年的牛津大学运动会。

短跑技术经历了踏步式—迈步式—摆动式的演变。起跑技术也从古希腊的“站立式”起跑发展为“蹲踞式”起跑。

1896 年的第 1 届奥运会，设有男子 100 m 和 400 m 比赛项目；1900 年的第 2 届奥运会，增设了男子 200 m 跑比赛项目；1928 年的第 9 届奥运会，始设女子 100 m 比赛项目；1948 年的第 14 届奥运会，增设女子 200 m 比赛项目；1964 年的第 18 届奥运会，女子 400 m 被列为比赛项目。

短跑全程是由起跑、起跑后的加速跑、途中跑和终点跑 4 个紧密相连的环节组成的。

（1）起跑环节

起跑包括起跑前的准备姿势和起动动作。在短跑比赛中，运动员必须采用蹲踞式起跑，并使用起跑器。

起跑器的安装方法有普通式、接近式和拉长式 3 种，如图 2-27 所示。前起跑器抵足板与地面的夹角约为 45°，后起跑器抵足板与地面的夹角为 60°～80°。安装起跑器的目的是使运动员在蹬地时能充分发挥腿部肌肉的最大力量，从而获得向前的最大初速度，起跑后使身体能保持较大的前倾幅度。

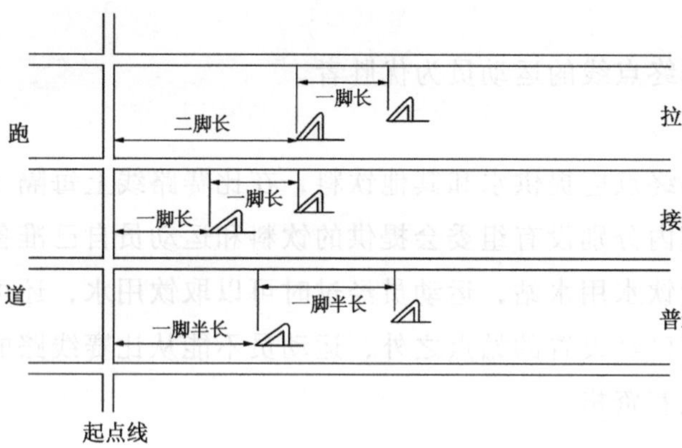

图 2-27　起跑器的安装方法

起跑过程包括各就位、预备、鸣枪 3 个环节。

听到“各就位”口令后，运动员可稍做放松（如深呼吸），然后俯身，两手于起跑线后撑地，两脚依次踏在前、后起跑器抵足板上，脚尖触地；将有力的腿放在前面，后膝跪地；两臂伸直约与肩同宽，四指并拢或稍分开，与拇指呈“人”字形；身体重心稍前移，肩约与起跑线平行；背微弓，颈部自然放松，注意听“预备”口令，如图 2-28 所示。

听到“预备”口令后，运动员后膝离地，抬起臀部，使之稍高于肩；重心适当前移，体重主要落于两臂和前腿上；两小腿趋于平行，前腿膝角约为 90°，后腿膝角约为 120°；注意力高度集中，等候发令枪声。

（a）各就位

（b）预备

（c）蹬地

（d）加速

图 2-28　起跑过程

听到枪声后，运动员两手迅速推离地面，屈肘做有力的前后摆臂，同时两脚用力蹬离起跑器，使身体以前倾姿势向前上方运动，躯干与地面成 15°～20°；后腿迅速屈膝向前上方摆出，但不宜过高；在后腿前摆并积极下压着地的同时，前腿快速蹬伸髋、膝、踝 3 个关节；躯干逐渐抬起，头部也随之上抬，视线逐渐向前移。

弯道起跑时，为了形成一段直线距离的加速跑，应将起跑器安装在跑道右侧、正对左侧弯道的切点方向，如图 2-29 所示。运动员左手撑于起跑线后 5～10 cm 处，身体正对弯道的切点。

运动员从直道进入弯道，身体应有意识地稍向圆心方向倾斜；后蹬时，右脚前脚掌内侧用力，左脚前脚掌外侧用力，如图 2-30 所示；摆动时，右腿膝关节稍向内，左腿膝关节稍向外；右臂的摆动幅度和力量略大于左臂；尽可能沿跑道内侧前进；最后几米应逐渐减小身体内倾的程度，惯性跑 2～3 步后转入正常途中跑。

（2）起跑后的加速跑环节

加速跑的任务是充分利用起跑的初速度，在较短距离内尽快获得最高速度。

运动员起跑后，第一步不宜过大，为 3.5～4 脚长，以后逐渐增大；上体随着步长和速度的增加而逐渐抬起，两脚的落点逐渐靠拢人体中线，形成一条直线（在起跑后 10～15 m 处）；同时，两臂应积极摆动，上下肢协调配合。加速距离一般为 25～30 m。

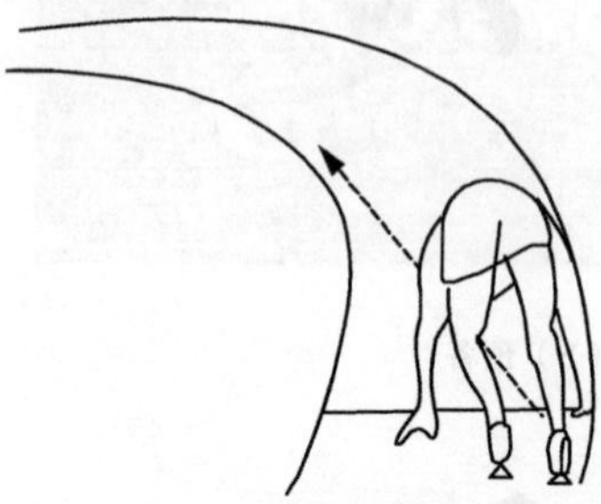

图 2-29　弯道起跑姿势

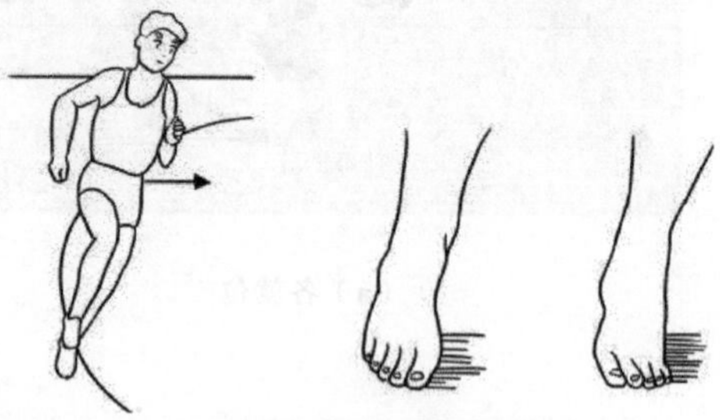

图 2-30　从直道进入弯道

（3）途中跑环节

一个跑的周期包括两个腾空时期和两个支撑时期（左支撑和右支撑）。

途中跑指从完成加速跑开始，到距终点 10 m 左右的一段距离，其任务是继续发挥和保持最高速度。在百米跑中，途中跑的距离为 65～70 m。

摆臂动作：运动员途中跑时上体稍前倾，两眼平视，颈肩放松，手半握拳，两臂屈肘，以肩关节为轴，用力前后摆动，如图 2-31 所示。前摆时，肘稍向内，肘关节角度变小；后摆时，肘稍向外，肘关节角度变大。手和小臂不能摆过身体胸前的中线形成两臂的交叉摆动。正确的摆臂动作能够维持平衡、调节节奏，有利于加快步频和步幅。

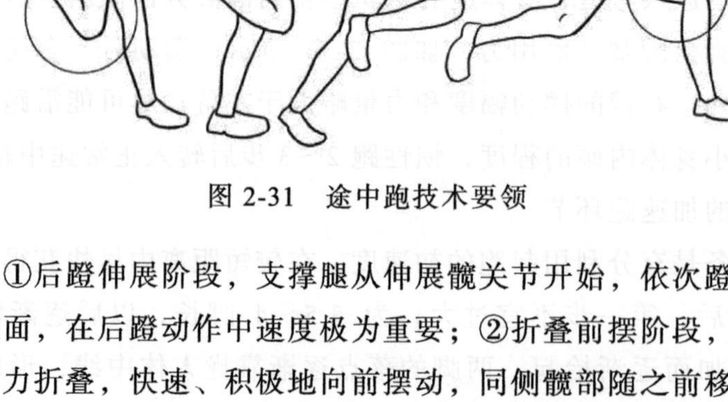

图 2-31　途中跑技术要领

摆腿动作：①后蹬伸展阶段，支撑腿从伸展髋关节开始，依次蹬伸膝、踝关节，直到脚掌蹬离地面，在后蹬动作中速度极为重要；②折叠前摆阶段，后蹬结束后，摆动腿使大小腿尽力折叠，快速、积极地向前摆动，同侧髋部随之前移；③下压缓冲阶段，前摆至大腿高抬后，随即积极下压，前脚掌积极“扒地”。着地瞬间，小腿与地面接近垂直，迅速屈膝、屈踝缓冲，摆动腿随惯性快速向前摆动，与支撑腿靠拢，使身体重心迅速前移，膝、踝关节屈曲角度达到最大，转入后蹬待发状态。

支撑腿与摆动腿的蹬摆协调配合是途中跑技术的关键。一般情况下，摆动腿前摆速度快，步频也快；前摆幅度大，步幅也大。

（4）终点跑环节

终点跑包括终点冲刺和撞线，其任务是尽量保持途中跑的高速度跑过终点。在距离终点 15～20 m 时，运动员应上体前倾，以增强后蹬力，同时加大摆臂的幅度和速度；在距离终点线最后一步时，上体达到最大前倾，用胸部或肩部撞线。通过终点后，要调整步频和步幅，逐渐减速。

2. 中长跑

中长跑是中距离跑和长距离跑的简称，全程为 800～10 000 m。它能有效地改善呼吸系统和心血管系统的功能，增强心肺功能（增强心肌，增厚心壁，增加心脏容积），提高运动员的速度和耐力。

中长跑作为一种竞赛项目起源于 18 世纪的英国。奥运会中跑比赛项目男、女均为 800 m 和 1 500 m。男子项目于 1896 年（第 1 届奥运会）列入；女子 800 m 于 1928 年（第 9 届奥运会）列入，1 500 m 于 1972 年（第 20 届奥运会）列入。奥运会长跑比赛项目男、女均为 5 000 m 和 10 000 m，男子项目于 1912 年（第 5 届奥运会）列入；女子 5 000 m 于 1996 年（第 26 届奥运会）列入，10 000 m 于 1988 年（第 24 届奥运会）列入。

现代中长跑各项目因距离不同，在动作的速度、幅度等细节方面存在区别，但整体动作结构基本相同，均要求保持较高的速度、积极有效的伸髋和快速有力的蹬摆。

（1）起跑环节

中长跑的起跑按“各就位”“鸣枪”两个口令进行，起跑姿势有站立式和半蹲踞式两种。

① 各就位。听到“各就位”口令后，先做一两次深呼吸，采用站立式起跑时两脚前后开立，有力的腿在前，前脚脚尖紧靠起跑线后沿，全脚掌着地，后脚以前脚掌着地；两脚前后间距约一脚，左右间距约半脚；两膝弯曲，上体前倾（跑的距离越短，腿的弯曲度越大，上体前倾幅度也越大），颈部放松，两臂在体前自然下垂或一前一后，身体重心落于前脚，保持稳定姿势，如图 2-32 所示。

半蹲踞式起跑的动作与站立式起跑基本相同，但运动员前腿的异侧臂的拇指和其他 4 指呈“八”字形撑在起跑线后；两脚均用前脚掌支撑，前后相距约一小腿长，左右间隔约一脚宽，两膝的弯曲角略小，体重主要落在前腿和支撑臂上。

② 鸣枪。听到枪声后，后腿用力蹬地后积极前摆，前腿用力蹬伸；两臂配合腿部动作快而有力地前后摆动，身体向前冲出，如图 2-33 所示。

图 2-32　各就位时动作要领

图 2-33　鸣枪时动作要领

（2）起跑后的加速跑环节

起跑后，上体保持一定的前倾，两臂的摆动和腿脚的蹬摆都应迅速有力，逐渐加速；同时，上体随之抬起，跑向对自己有利的战术位置，然后转入途中跑。加速跑的距离和速度，应根据个人特点、战术要求和临场情况而定。

（3）途中跑环节

途中跑是中长跑中的主要环节，其任务是保持速度，节省体力，讲求节奏，并充分运用战术为获取优异成绩奠定良好的基础。

就途中跑的技术而言，中长跑与短跑实质相同，但由于距离和速度的不同，两者仍存在一定差异。图 2-34 所示为途中跑技术要领。

图 2-34　途中跑技术要领

① 上体姿势。中长跑的途中跑时上体自然伸直或稍向前倾，中跑上体前倾约 5°，长跑上体前倾 1°～2°。上体前倾的角度小于短跑。

② 腿部动作。后蹬时，角度较短跑稍大，用力程度和蹬伸幅度较短跑稍小。前摆时，大腿上摆的高度较短跑低，大小腿的折叠程度较短跑小。

此外，中长跑的途中跑时，特别强调动作与呼吸的配合，其身体重心的上下波动、弯道跑时的摆臂幅度、跑的频率系数（腾空时间与支撑时间的比值）均小于短跑。

（4）终点跑环节

终点跑是临近终点前一段距离的加速跑。其任务是以顽强的意志，调动全部力量，克服高度疲劳，加大摆臂速度和幅度，加快步频，冲刺终点。

终点冲刺的距离应根据个人的体力情况、战术要求和临场情况而定，一般中跑为 200～400 m，长跑在 400 m 以上。应注意观察对手的情况，抢占有利位置，把握冲刺时机。速度占优势的运动员，宜紧跟且晚冲刺，一般在进入最后直道时开始冲刺；耐力占优势的运动员，宜早冲刺。

在中长跑途中，为了保证机体对氧气的需求，运动员宜采用口鼻同时进行呼吸的方法。呼吸的节奏应和跑的节奏相配合，并注意加大呼吸的深度（特别是呼气，只有充分地呼出二氧化碳，才能吸入更多的氧气）。一般两步一呼，两步一吸（也有一步一呼，一步一吸；三步一呼，三步一吸等）。

“极点”是一种正常的生理现象，指中长跑途中，由于氧气的供应落后于机体活动的需要，代谢物质无法及时转移，运动员出现胸部发闷、呼吸困难、动作无力等感觉。此时要以顽强的意志坚持跑下去，加强呼吸，适当调整步速。经过一段时间后，“极点”现象就会消失或减轻，身体的运动能力逐渐提高，出现“第二次呼吸”。

2.3.3　接力跑

接力跑是田径运动中唯一的集体项目，以队为单位，每队 4 人，每人跑相同距离。它能有效地提高运动员的速度和身体的灵敏度等，培养其团结协作的集体主义精神。

目前，奥运会接力跑比赛项目分男、女 4×100 m 接力和 4×400 m 接力。接力棒为光滑、彩色的空心圆管，由整段木料、金属或其他适宜的坚固材料制成，长度为 20～30 cm，周长为 12～13 cm，质量不低于 50 g。

传棒人必须持棒跑完各自规定的距离，接棒者可以在接力区前 10 m 内起跑，两人必须在 20 m 的接力区内完成传、接棒，如图 2-35 所示。

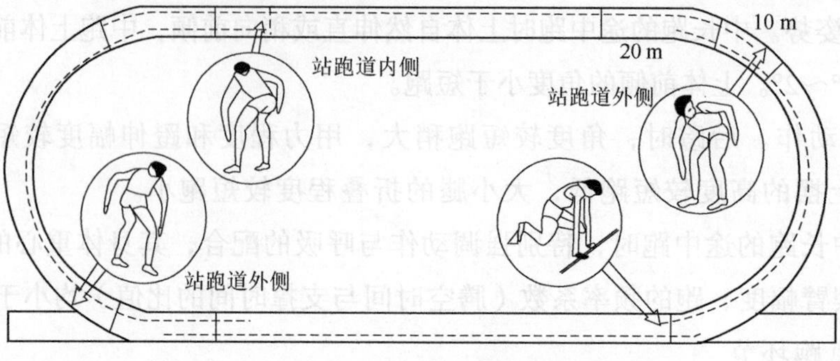

图 2-35　传、接棒位置

接力跑技术包括短跑技术和传、接棒技术，要求各队员在快速跑的同时，配合默契。接力跑的距离越短，传、接棒技术要求越高。下面以 4×100 m 接力跑为例，讲解接力跑技术。

1. 起跑技术

（1）持棒起跑

第 1 棒运动员通常采用蹲踞式起跑，其技术和短跑弯道起跑基本相同。用右手的中指、无名指和小指握住棒的末端，拇指和食指分开撑地，如图 2-36 所示，接力棒不得触及起跑线和起跑线前的地面。

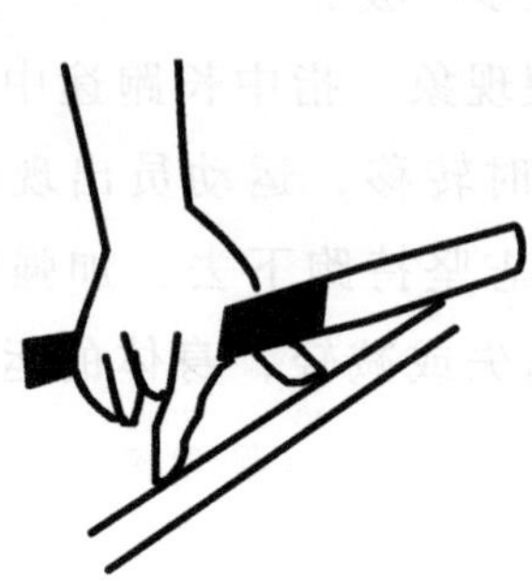

图 2-36　持棒起跑姿势

（2）接棒起跑

接棒人选择恰当的起跑姿势的依据：①是否有利于快速起跑和加速跑；②是否能清楚地看到传棒队员及设定的起跑标志线。

第 2 棒、第 3 棒、第 4 棒运动员可用站立式或一手撑地的半蹲踞式起跑姿势，如图 2-37 所示。第 2 棒、第 4 棒运动员应站在跑道外侧，左腿在前（也可右腿在前），右手撑地，身体重心稍向右偏，头转向左后方，目视传棒队员的跑进和自己的起跑标志线，如图 2-38 所示。第 3 棒运动员应站在跑道内侧，右脚在前（也可左腿在前），左手撑地，身体重心稍向左偏，头转向右后方，目视传棒队员的跑进和自己的起跑标志线，如图 2-39 所示。

图 2-37 半蹲踞式起跑姿势

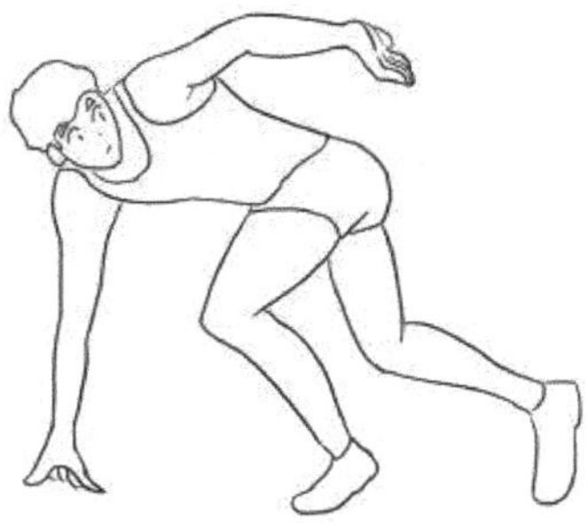

图 2-38 第 2 棒、第 4 棒运动员接棒动作

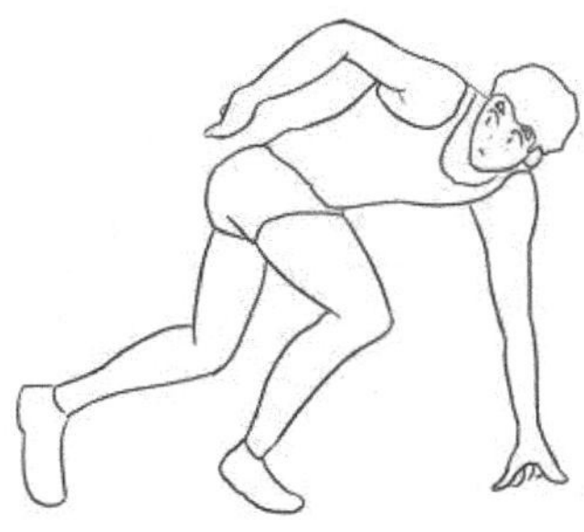

图 2-39 第 3 棒运动员接棒动作

持棒运动员保持最快速度，接棒运动员根据持棒者的跑速有控制地进行加速，以便于顺利并快速地接棒。

2. 传棒、接棒技术

（1）传棒、接棒的方法

① 上挑式。接棒人的手臂自然后伸，与躯干成 40° ~45° 夹角，掌心向后，拇指与其他 4 指张开，虎口朝下，传棒人将棒由下向前上方“挑”送入接棒人手中，如图 2-40 所示。上挑式接棒动作自然，容易掌握，但第 2 棒接棒人手握棒的中段，第 3 棒、第 4 棒传接时由于棒的前端部分越来越少而易造成掉棒。

② 下压式。接棒人的手臂后伸，与躯干成 50° ~ 60° 夹角，手腕内旋，掌心向上，虎口朝后，拇指向内，其余四指并拢向外，传棒人将棒的前端由上向前下方“压”入接棒人手中，如图 2-41 所示。下压式接棒，各棒次接棒人均能握于棒的一端，但接棒时手腕动作紧张，掌心向上易引起身体前倾而影响加速跑。

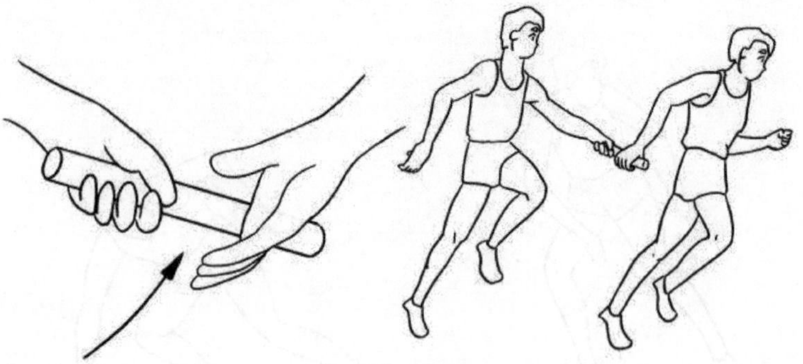

图 2-40　上挑式

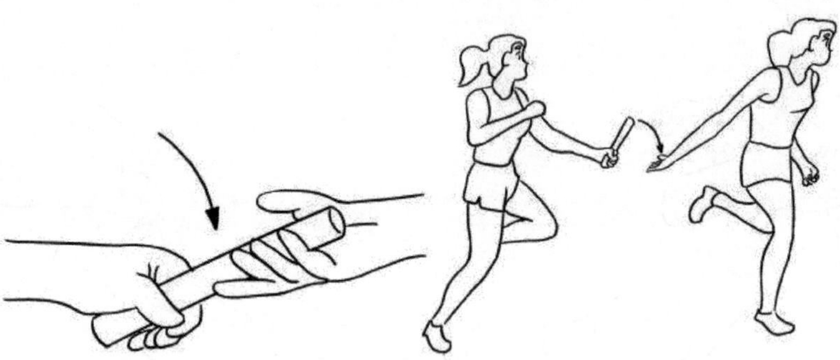

图 2-41　下压式

③ 混合式。混合式接棒综合了上挑式和下压式的优点。第 1 棒、第 3 棒运动员以右手持棒，沿弯道内侧跑进，用上挑式将棒传入第 2 棒、第 4 棒运动员左手中；第 2 棒运动员左手持棒，沿跑道外侧跑进，用下压式将棒传入第 3 棒运动员右手中。

4×400 m 接力，多采用换手传接棒技术。接棒人用左手接棒后，立即换到右手；也可以用右手接棒，跑至最后一个直道时再换到左手传棒（第 4 棒可免）。

（2）传、接棒的时机

为了集中精神保持高速度，4×100 m 接力运动员均采用听传棒人信号而不看棒的接棒方式。传、接棒运动员在 20 m 接力区内，双方均达到相对稳定的高速时，便是传、接棒的最佳时机。此时，一般距接力区前端 3～5 m。

传棒人跑到标志线时，接棒人开始由预跑区内或接力区后端迅速起跑。传棒人跑至接力区内，距接棒人 1～1.5 m 时，向其发出“嘿”或“接”等传、接棒信号，接棒人听到后迅速向后伸手接棒，如图 2-42 所示。

图 2-42 传棒、接棒的时机

（3）起跑标志线的确定

起跑标志线与起跑点的距离，是根据传、接棒队员的跑速和传、接棒技术的熟练程度及最佳传、接棒时机而定的，一般为 5～6 m。起跑标志线要在训练中多次实践反复调整才能确定。

（4）各棒队员的分配

接力跑要求各棒队员之间协调配合，并能够充分运用每个人的特长，保证在快速跑时精确、默契、迅速地完成传、接棒动作。一般而言，第 1 棒运动员应起跑好，并善于跑弯道；第 2 棒运动员应速度快，耐力好，善于传、接棒；第 3 棒运动员除应具备第 2 棒的长处外，还要善于跑弯道；第 4 棒运动员通常是 100 m 成绩最好、冲刺能力最强的。

2.3.4 跨栏跑

跨栏跑是在规定距离中，跑并跨越一定数量、一定间距和一定高度栏架的径赛项目，也是田径运动中技术较复杂、节奏性较强、锻炼价值较高的项目之一。它能有效地提高中枢神经系统对运动肌群的调控和支配能力，改善呼吸系统和循环系统的机能，使各关节活动幅度增大，肌肉和韧带的伸展增强，骨骼增粗，使运动员速度、力量、耐力、弹跳力、柔韧性、灵敏性、协调性、准确性、节奏感等身体素质得到全面发展。

现代跨栏跑起源于英国，是由牧羊人跨越羊圈栅栏的游戏演变而来的。其技术经历了跳栏—跨栏—跑栏的演变过程。人们最初以埋在地下无法移动的木支架或栅栏为栏架，1900 年出现了可移动的倒“T”形栏架，1935 年“L”形栏架诞生并沿用至今。

奥运会比赛项目中设男子 110 m 栏（1896 年列入，当时为 100 m 栏，1900 年改为 110 m 栏）、400 m 栏（1900 年列入）；女子 100 m 栏（1932 年列入，当时为 80 m 栏，1972 年改为 100 m 栏）、400 m 栏（1984 年列入），如表 2-1 所示。

表 2-1　　奥运会跨栏跑比赛项目及要求

<table>
<tr><th>性别</th><th>项目</th><th>栏间距离（m）</th><th>起点到第一栏距离（m）</th><th>最后一栏到终点距离（m）</th><th>栏高（m）</th><th>栏数（个）</th></tr>
<tr><td rowspan="2">男</td><td>110 m 栏</td><td>9.14</td><td>13.72</td><td>14.02</td><td>1.067</td><td rowspan="4">10</td></tr>
<tr><td rowspan="2">400 m 栏</td><td rowspan="2">35</td><td rowspan="2">45</td><td rowspan="2">40</td><td>0.914</td></tr>
<tr><td rowspan="2">女</td><td>0.762</td></tr>
<tr><td>100 m 栏</td><td>8.50</td><td>13</td><td>10.50</td><td>0.84</td></tr>
</table>

男子 110 m 栏的栏架较高，过栏和栏间跑的速度较快，技术难度较大。下面以此为例，讲解跨栏跑技术。

1. 起跑至第一栏的技术

起跑至第一栏的任务是在固定的距离内用固定的步数完成加速跑，为全程过栏奠定良好的速度和节奏。

其技术与短跑基本相同。起跑采用蹲踞式，一般跑 7～8 步，如果采用 7 步上栏，应将起跨腿置于后起跑器上；如果采用 8 步上栏，则应将起跨腿置于前起跑器上。

这一阶段，跨栏跑与短跑动作技术的差异主要表现如下：①预备时，臂部抬起相对较高；②起跑后，身体前倾角度较小，上体抬起较早，大约在第 6 步时基本达到短跑途中跑的姿势；③加速中，后蹬角度较大，步长增加较快。跨栏前倒数第二步达到最大步长，最后一步是短步（比前一步短 10～20 cm），起跨腿以前脚掌迅速、准确地踏上起跨点。

2. 跨栏步技术

跨栏步指从起跨脚踏上起跨点到摆动腿过栏落地的过程，如图 2-43 所示，距离为 3.30～3.50 m。其技术分为起跨攻栏和腾空过栏两个动作环节。

（1）起跨攻栏

起跨攻栏指从起跨脚踏上起跨点开始至后蹬结束时止的整个支撑时期。起跨的动作质量直接决定过栏速度、下栏时间和栏间跑进，是跨栏步技术的关键。

起跨点距栏架的距离一般为 2.00～2.20 m。后蹬要求迅猛有力，起跨腿髋、膝、踝关节充分伸展，并与躯干、头部基本成一条直线，起跨角度（起跨离地时，身体重心与支撑点的连线同地面之间的夹角）约为 70°。同时，摆动腿在体后屈膝折叠，足跟靠近臀部，膝向下，并以髋为轴、膝领先，大腿带动小腿充分向前摆超过腰部高度。上体随之前倾，摆动腿异侧臂屈肘向前上方摆出，肘关节达到肩的高度，另一臂屈肘摆至体侧，整个身体集中向前用力，形成良好的“攻栏”姿势。

起跨

过栏

落地

图 2-43　跨栏步技术

（2）腾空过栏

腾空过栏指从蹬离地面身体转入无支撑阶段起，到摆动腿过栏后落地时止的动作环节。

身体腾空后，摆动腿随惯性继续向前上方攻摆，膝关节高过栏架后，小腿向前伸展，脚尖勾起。其异侧臂前伸，与摆动腿基本平行，同侧臂屈肘后摆，上体达到最大前倾，角度为 45°～55°。同时，起跨腿屈膝提拉，小腿收紧抬平，约与地面平行或略高，两腿在栏前形成一个 120° 以上夹角的大幅度劈叉动作。

摆动腿的脚掌移过栏架后，起跨腿屈膝外展，脚背屈并外翻，以膝领先，经腋下迅速向前上方提拉过栏。两腿在空中完成一个协调有力的以髋关节为轴的剪绞动作。

同时，两臂配合积极摆动，起跨腿同侧臂由前伸位置向侧后方做较大幅度的划摆，另一臂屈肘前摆，以维持身体平衡，如图 2-44 所示。

图 2-44　腾空过栏

在摆动腿膝关节过栏瞬间，大腿积极下压，膝、踝关节伸直，以脚前掌着地，身体重心处于较高位置。上体保持适当前倾，起跨腿加速向前提拉，至身体正前方，大腿高抬，转入栏间跑。下栏着地点距栏架约 1.40 m。

3. 栏间跑技术

栏间跑是从下栏着地点到下一栏起跨点之间的跑段。其任务是以正确的节奏，继续发挥和保持最快速度，为下一栏的顺利起跨创造有利条件。

栏间跑的技术同短跑的途中跑实质基本相同，但由于受栏间距离和跨栏步的限制，其节奏与短跑明显不同。栏间距离为 9.14 m，除去跨栏步剩余 5.30～5.50 m，需跑 3 步。3 步步长各不相同，第一步最小为 1.50～1.60 m，第二步最大为 2.00～2.15 m，第三步中等为 1.85～1.95 m。

提高栏间跑的速度主要靠加快步频和改进跑的节奏，使 3 步步长比例合理，做到频率快、节奏稳、方向正、直线性强、身体重心稍高、起伏较小。

4. 终点跑技术

终点跑技术类似于短跑的冲刺跑技术，撞线动作与短跑相同。

5. 全程跑技术

在全程跑中，要合理地将跨栏步技术与栏间跑技术紧密地结合起来。起跑后，首先跨好第 1 栏并在第 2 栏、第 3 栏继续积极加速，充分发挥出最高速度。第 4 栏至第

8 栏尽量保持速度，并注意控制动作的准确性。第 9 栏、第 10 栏保持跑的节奏并准备冲刺。跨过第 10 个栏架后，把跨栏节奏调整为短跑节奏，加快步频，加大上体前倾，加强蹬地和摆臂力度，全力以赴冲向终点。

其他跨栏跑项目基本技术与 110 m 跨栏跑相同，但上体前倾和手臂摆动较小，摆动腿抬起较低，起跨腿前伸幅度稍小，下栏着地点较近，整体动作更接近于短跑。

女子 100 m 栏的起跨点距栏架 1.95～2.00 m，起跨角度为 62°～65°，下栏着地点距栏架 1.00～1.20 m，栏间跑 3 步步长为 1.60～1.65 m、1.95 m、1.80～1.85 m。

400 m 栏的起跑点与第一栏的距离为 45 m，男子跑 21～23 步，女子跑 23～25 步。起跨点，男子为 2.10～2.15 m，女子为 1.9～2.0 m。栏间跑距离为 35 m，男子一般跑 15～17 步（部分优秀选手跑 13 步），女子一般跑 17～19 步（部分优秀选手跑 15 步）。弯道过栏时，以右腿起跨较为有利。起跨时，右脚前脚掌内侧蹬地，左腿向左前方攻摆，右臂内侧倾斜向左前上方摆出，上体前倾时略向左转，右肩高于左肩。下栏时，用左腿前脚掌外侧在靠近左侧分道线处着地，右腿提拉过栏时向左前方用力。

第三章 球类运动

球类运动的参与性很强，充满激情，能充分体现运动员强健的身体素质和高超的技巧，深受人们喜爱。

要点提炼：

1. 几种球类运动的基本技术。
2. 几种球类运动的基本战术和配合方式。
3. 几种球类运动的竞赛规则。

3.1 足球

本节主要介绍足球的竞赛规则、基本技术、基本战术。

足球运动规则

3.1.1 竞赛规则

1. 赛制

正式的国际足球比赛分为上、下两个半场，每半场 45 min，中间休息不得超过 15 min。

足球比赛分组循环赛期间的积分为胜一场积 3 分，平 1 场积 1 分，负 1 场积 0 分，最终以积分多少决定小组名次。如积分相等，则根据赛前规程确定的不同名次判定标准的规定排定名次。

2. 进球

当球的整体从球门柱间及横梁下越过球门线，而此前未违反竞赛规则，即为进球得分。

有时在比赛中会看到球打到横梁后落地又弹回场内，裁判员可以根据自己的观察来确认球是否越过球门线，这种判决有时会引起很大争议。

3. 任意球

足球比赛的任意球分为两种。一种是直接任意球，主要是针对恶意踢人、打人、绊倒对方的行为判罚。另外，用手拉扯和推搡对方，手触球的行为也属于这一类，还有辱骂裁判员、辱骂他人的行为也要判罚直接任意球。这种任意球可直接射门得分。如果这些行为发生在罚球区，就要判罚球点球。另一种是间接任意球的判罚，危险动作、阻挡、定位球的连踢的行为就属于这一类判罚。这种任意球不能直接射门得分，只有当球在进门前触及另外一名队员才可得分，罚球区内这种犯规不能判罚球点球。

无论直接任意球还是间接任意球，防守方都要退出 9.15 m 线以外，如果不按要求退出 9.15 m 线以外，裁判员可出示黄牌做出警告。

4. 罚球点球

在罚球区内直接任意球的犯规要判罚球点球。罚球点球时，双方队员不能进入罚球区。如防守方进入罚球区，进球有效，不进则重罚；如进攻方进入罚球区，进球应重踢，如不进则为防守方球门球。在罚球点球时，守门员可以在球门线上左右移动，但不可以向前移动。

5. 越位

足球比赛构成越位要满足以下条件：在同伴传球时，脚触球的瞬间，在对方半场内如果同伴的位置与倒数第二名对方队员的位置相比更靠近对方球门线，这时该队员处于越位位置。需要说明的是，与对方倒数第二名队员处于平行时不判越位。裁判员在下列情况中判罚越位犯规：干扰比赛、干扰对方队员、利用越位位置获得利益。

6. 暂停比赛

正式的足球比赛一般场上不能暂停，只有在极特殊的情况下，如队员受伤或发生意外纠纷才鸣哨暂停。恢复比赛是在比赛停止时球所在的地点坠球，重新开始比赛。现在足球比赛的道德水准普遍很高，通常一方如看到场上有受伤队员，都会将球踢出界。恢复比赛时，对方也会将球踢回。

7. 运动员和裁判员

每队上场队员不得多于 11 名，其中必须有一名守门员。如果场上一队的队员少于 7 人，则比赛不能开始。奥运会足球比赛中，每场比赛最多可以使用 3 名替补队员；场外和场上队员未经裁判员许可不能擅自进出场地。比赛时，守门员和其他队员的位置不能随意交换，如需要交换，须经过裁判员同意。

一场正式的足球比赛由一名裁判员、两名助理裁判员和一名第 4 官员担任裁判工作。裁判员的职责：有场上最终判决权，决定比赛时间是否延长、比赛是否推迟和终止。助理裁判员的职责：示意越位及球出界，协助裁判员的场上判罚，但没有最终判决权。

8. 红牌和黄牌

对于足球比赛中出现的一些严重犯规，裁判员在判罚时，根据犯规性质的不同可出示红牌或黄牌。裁判员出示红牌的情况：有恶意的犯规或暴力行为，有故意手球、辱骂他人的行为，同一场比赛中同一人得到两张黄牌。

裁判员出示黄牌的情况：有违反体育道德的行为，有用语言和行为表示不满的情况，有连续犯规、故意延误比赛、擅自进出场地的行为。

9. 伤停补时

足球比赛有时根据场上情况在比赛时间上需要补时，有时是 1～2 min，最长可达 5～6 min，时间长短的确定由裁判员决定。造成补时的主要原因：一是处理场上受伤者，二是拖延时间，三是其他原因。

3.1.2 基本技术

1. 踢球

踢球指运动员有目的地用脚把球击向预定目标的技术。踢球是足球技术中最重要的技术，主要用于传球和射门。

踢球的方法很多，主要有脚内侧踢球、脚背正面踢球、脚背内侧踢球、脚背外侧踢球、脚尖踢球和脚跟踢球。这些动作结构完全一致，均由助跑、支撑脚站位、踢球腿摆动、脚触球、踢球后的随前动作 5 个环节组成。

（1）脚内侧踢球（又称脚弓踢球）

① 脚内侧踢定位球。直线助跑，支撑前的最后一步稍大些，支撑脚站在球的侧面约 15 cm 处，脚尖正对出球方向，支撑腿膝关节微屈。在支撑脚着地时，踢球腿大腿带动小腿由后向前摆动，在前摆的过程中大腿外展，当膝关节摆动至接近球的正上方时，小腿做爆发式摆动，在触球前将脚跟送出使脚内侧部位所形成的平面与出球方向垂直，如图 3-1 所示，踢球脚脚尖微微翘起，脚底与地面平行，踝关节功能性地紧张使脚型固定，触（击）球后身体跟随向前移动。

AR
启动增强现实动画

图 3-1 脚内侧踢定位球

② 脚内侧踢空中球。根据来球速度和运行轨迹及时移动到位，踢球腿的大腿抬起并外展，小腿绕额状轴后摆，而后小腿由后向前摆动，当摆至额状面时与球接触，击球的中部，如图 3-2 所示。

AR
启动增强现实动画

图 3-2 脚内侧踢空中球

（2）脚背正面踢球（又称正脚背踢球）

① 脚背正面踢定位球。直线助跑，最后一步稍大些，支撑脚积极着地支撑，在球的侧面 10～12 cm 处，脚尖正对出球方向，膝关节微屈，踢球腿随跑动向后摆动，小腿弯曲，支撑的同时踢球腿以髋关节为轴，大腿带动小腿由后向前摆动。当膝关节摆至接近球的正上方时，小腿做爆发式的摆动，脚趾屈，以脚背正面部位击球的后中部，如图 3-3 所示。击球后身体及踢球腿随球前移。

图 3-3 脚背正面踢定位球

② 脚背正面踢反弹球。根据来球的速度、运行轨迹、落点，支撑脚踏在球落点的侧面。在球落地时，踢球腿爆发式前摆，在球刚弹离地面时，用脚背正面击球的中部，并控制小腿的上摆（送髋、膝关节向前平移），出球则不会过高。

③ 凌空踢倒勾球。根据来球的速度、运行轨迹，选好击球点，及时移动到位，以踢球腿为起跳腿蹬地起跳，同时另一条腿上摆，身体后仰腾空，眼睛注视来球，蹬地腿在离地后迅速上摆的同时，另一条腿则向下摆动，以脚背正面击球的后部。踢球后，两臂微屈，手掌向下，手指指向头部相反方向着地，屈肘，然后背、腰、臀部依次滚动式着地。

（3）脚背内侧踢球（又称内脚背踢球）

① 脚背内侧踢定位球。斜线助跑，助跑方向与出球方向约成 45°夹角，最后一步稍大，以支撑脚底积极着地，脚尖指向出球方向，距球内侧后方 20～25 cm，膝关节微屈。在支撑的同时，踢球腿已完成后摆，并开始以髋关节为轴大腿带动小腿由后向前摆动，当大腿摆至与支撑腿接近同一平面时，小腿做爆发式摆动，此时脚尖外转、脚背绷直，以脚背内侧部位触击球，如图 3-4 所示。击球后踢球腿及身体继续随球向前。

图 3-4 脚背内侧踢定位球

② 脚背内侧转身踢球。助跑结束前倒数第二步应向球的侧前方跨出（即与出球方向在支撑脚一侧的侧前方），最后一步略跳动并伴随转身支撑，脚尖对准出球方向，膝关节微屈，身体向支撑脚一侧倾斜，其余各环节与踢定位球相同。

③ 脚背内侧踢反弹球。根据来球的落点及时移动到位，在球离地（反弹）的瞬间踢球，其他的动作要求与踢定位球相同。这种踢球方法多用于踢侧方或侧前方来的由空中下落的球。

（4）脚背外侧踢球（又称外脚背踢球）

由于踢这种球的脚踝灵活性较大，摆腿方向变化较多，且助跑时又是正常的跑动姿势，故其出球隐蔽性较强。足球比赛中各种距离的弧线球及非弧线球均可使用。

① 脚背外侧踢定位球。助跑、支撑脚站位及踢球腿摆动均与脚背正面踢球技术的 3 个环节相同，脚触球是用脚背外侧部位，要求膝关节和脚尖内转，脚背绷紧，触（击）球后身体随踢球腿的摆动前移。

② 脚背外侧踢地滚球。脚背外侧踢地滚球可用于踢正前方、侧前方及侧后方来的地滚球。踢球的动作、规格要求与踢定位球相同，但支撑脚站位时应考虑球的滚动速度，以保证在脚触球的瞬间支撑脚与球的相对位置符合规格要求。

③ 脚背外侧踢反弹球。脚背外侧踢反弹球与脚背正面踢反弹球的方法相同，只是接触球时用脚背外侧部位触（击）球。

（5）脚尖踢球（又称脚尖捅球）

由于脚尖踢球时出球异常迅速，雨天场地泥泞时多使用这种踢法。还可以借助踢球腿的最大长度，踢那些距离身体较远的球。具体方法是用支撑脚跳跃上步，踢球腿屈膝前跨，髋关节尽量前送，两臂上摆协助身体向前，小腿前伸，在踢球脚落地前用脚尖捅球的后中部。

（6）脚跟踢球

脚跟踢球是用脚跟（跟骨的后面）接触球的一种踢球方法。球在支撑脚外侧时，踢球脚在支撑脚前面交叉摆到支撑脚外侧用脚跟击球。球在支撑脚内侧时，踢球脚后摆用脚跟踢球。虽然人体结构的特点决定了这种踢球方法（大腿微伸小腿屈）产生的力量较小，但其出球方向是向后，故有隐蔽性和突然性。

2. 运球

运球是运动员在跑动中用脚连续推拨球、使球处于自己控制范围内的动作。常用的运球技术有脚内侧、脚背正面、脚背外侧、脚背内侧运球。

（1）脚内侧运球

运球前进时支撑脚位于球的侧前方，肩部指向运球方向，支撑腿膝关节微屈，重心放在支撑腿上，另一条腿提起屈膝，用脚内侧推球前进，然后运球脚着地。肩部指向运球方向，身体侧转，虽然移动速度较慢，但身体前倾有利于将对方与球隔开，因而这种技术多用在运球中做配合传球，或有对方阻拦需用身体做掩护时运球。

（2）脚背正面运球

运球时身体持正常跑动姿势，上体稍前倾，步幅不宜过大。运球腿提起，膝关节稍屈，髋关节前送，提踵，脚尖下指，在着地前用脚背正面部位触球的后中部将球推送前进。

脚背正面运球时身体持正常跑动姿势，可以发挥较快的速度，因而这种技术多用在运球前方一定距离内无对手阻拦时。

（3）脚背外侧运球

运球时身体持正常跑动姿势，上体稍前倾，步幅不宜过大。运球腿提起，膝关节稍屈，髋关节前送，提踵，脚尖绕矢状轴向内旋转，使脚背外侧正对运球方向，在运球脚落地前用脚背外侧推拨球的后中部，如图3-5所示。

图3-5　脚背外侧运球

运球技术

脚背外侧运球时，身体姿势与正常跑动时相同，因而可以发挥出较快的速度，故与脚背正面运球有相同的用途。另外，利用脚踝关节的动作可以很快改变脚背外侧正对的方向，故在运球脚一侧改变方向时也多采用这种运球方法。这种方法能用身体将对手与球隔开，故掩护时也常使用。

（4）脚背内侧运球

身体稍侧转并协调放松，步幅小，上体前倾，运球腿提起外展，膝微屈外转，提踵，脚尖外转，使脚背内侧正对运球方向，在运球脚落地前用脚背内侧推拨球，使球随身体前进。

脚背内侧运球由于身体稍侧转，不能采用正常的跑动姿势，因此不适用于高速运球。但脚背内侧运球动作幅度大，控球稳，易于运球转换方向，非常适用于掩护性运球或运球变向，是足球比赛中常用的一种运球方法。

3. 接球

接球指运动员有目的地用身体的合理部位把运行中的球停下来，控制在所需要的范围内，以便更好地衔接下一个技术动作。接球的方法有多种，常用的有脚内侧、脚背正面、脚底、大腿、胸部、头部等部位的接球。

（1）脚内侧接球

由于脚触球面积大，动作简单，较易掌握，比赛中经常使用这种技术接各种地滚球、反弹球、空中球。

① 接地滚球。身体正对来球，判断来球的速度和方向，选好支撑脚位置，膝关节微屈。接球脚根据来球的状态相应提起，膝、踝关节旋外，脚趾稍翘，用脚内侧对准来球，在触球刹那，接球部位做相应的引撤或变向接球动作，将球控在所需要的位置上，如图 3-6 所示。

图 3-6　接地滚球

② 接反弹球。接球腿的小腿应与地面形成一定的夹角，向下做压推动作时，膝要领先，小腿留在后面，如图 3-7 所示。

图 3-7　接反弹球

③ 接空中球。接球腿要屈膝抬起，可根据需要采用引撤或切挡动作，接球落地后应随即将球在地面控制住，如图 3-8 所示。

AR
启动增强现实动画

图 3-8　接空中球

（2）脚背正面接球

脚背正面接球多用于接有较大抛物线的来球。根据球的落点，及时移动到位，脚背正面迎下落的球，当球与脚面接触的一瞬间，接球脚与球下落的速度同步下撤，此时接球腿膝关节、踝关节、脚趾均保持适度的紧张，脚尖微翘将球接到需要的地方，如图 3-9 所示。

图 3-9　脚背正面接球

（3）脚底接球

由于脚底接球技术便于掌握，易于将球接到位置，故常被用来接各种地滚球和反弹球。

① 脚底接地滚球。身体正对来球方向，移动前迎，支撑脚站在球的侧面（或前或后均可），脚尖正对来球方向，膝关节微屈。同时接球腿提起，膝关节微屈，脚背略屈，使脚底与地面约小于 45°角（且脚跟离开地面），一般以前脚掌接触球的上部为宜。在触球瞬间，接球脚可轻微趾屈（前脚掌下点）将球停住，也可根据需要在接球的同时将球推向前方或拉向身后。

② 脚底接反弹球。根据来球的落点，及时前移迎球，支撑脚站在落点侧后方，脚尖正对来球方向，在球落地瞬间，用前脚掌去触球的中上部，微伸膝，用脚掌将球接在体前。若需接球到身后，则应在触球瞬间继续屈膝，将球回拉，并伴随支撑脚以前脚掌为轴旋转 90° 以上。

（4）大腿接球

大腿接球一般可以用来接抛物线较大的高空球和略高于膝的低平球。

① 接抛物线较大的下落球。面对来球方向，根据球的落点迅速移动到位，接球腿大腿抬起，当球与大腿接触的瞬间，大腿下撤，将球接到需要的位置上，如图 3-10 所示。

AR
启动增强现实动画

图 3-10　大腿接球

② 接低平球。面对来球的方向，根据来球高度，接球腿大腿微屈，送髋前迎来球，在球与大腿接触的瞬间收撤大腿，使球落在所需要的位置上。

（5）胸部接球

由于胸部接球部位较高，加之胸部面积大、肌肉较丰满等特点，动作易于掌握，所以这是接高球的一种好方法。胸部接球包括挺胸式和收胸式两种方法。

① 挺胸式接球。接球时，身体正对来球，两腿自然开立，膝微屈，两臂在体侧自然屈抬，上体稍后仰与来球形成一定的角度。在触球刹那，胸部主动挺送，使球触胸后向前上方弹起落于体前。挺胸式接球一般用于接有一定弧度的高球。

② 收胸式接球。面对来球，两脚左右或前后开立，两臂自然张开，挺胸迎球，在触球瞬间收胸、收腹、臀部后移，将球接在体前。若需将球接在体侧，则触球瞬间转体将球接在转体后相应的一侧。收胸式接球多用于接齐胸高的平直球。

（6）头部接球

高于胸部的来球可用头部接。根据球的运行路线，面对来球，用前额正面接触球的中下部。下颌微抬，两臂自然张开，提踵伸膝。在触球瞬间全脚掌着地，屈膝、塌腰、缩颈，全身保持上述姿势下，将球接在附近。

4．头顶球

头顶球技术是传球、射门、抢断的有效手段，特别是争高空球时头顶球技术更为重要。头顶球技术不需要等球落地就可以在空中直接处理来球，因此使用这种技术可以争取时间上的优势和主动。

头顶球的具体方法有正额原地顶球、助跑跳起（单脚或双脚）顶球和鱼跃式顶球等。

（1）正额原地顶球

面对来球，两脚前后开立，膝微屈，重心放在两脚上。顶球前，上体先后仰，重心移到后脚上，两臂自然摆动，维持身体平衡，两眼注视来球。顶球时，两腿用力蹬地，迅速伸直，上体由后向前快速摆动，借助腰、腹和颈部力量，用前额正面将球顶出。顶球过程中，身体重心从后脚移到前脚，然后再单脚跳起顶球。

（2）助跑跳起（单脚或双脚）顶球

起跳前要有3～5步的助跑。最后一步踏跳时要用力，步幅要稍大些，踏跳脚以脚跟先着地再迅速移到脚掌，同时另一条腿屈膝上提，两臂向上摆动。身体腾起后上体随之后仰。顶球时，上体由后向前摆动，借助腰、腹和颈部力量将球顶出，然后两脚自然落地。

（3）鱼跃式顶球

对于离身体较远的低空球来不及移动到位处理，必须抢点击球时（如抢救险球、射门等）可使用鱼跃式顶球技术。当判断好来球的路线和选择好顶球点后，以单脚或双脚用力向前蹬地，身体接近水平状态向前跃出，同时两臂微屈前伸，手掌向下，眼睛注视来球，利用身体向前跃出的冲力，以额头正面顶球。顶球后，两手先着地，手指向前，接着以胸部、腹部和大腿依次着地。

5．抢断

抢断技术是一种积极有效的防守手段。抢断是防守技术的综合体现，是用争夺、堵截、破坏等方式阻拦对方进攻的一种技术。一旦把球争夺过来，这就意味着组织进攻的开始。

（1）正面抢断

在对方带球队员迎面而来时，可采用正面抢断方式。

两脚前后稍开立，两膝稍屈，身体重心下降，并均匀落在两脚上，面向对手。当对方带球或触球即将着地或刚刚着地时，立即抢球。抢球脚的脚弓正对球，并跨出一步，膝关节弯曲，上体前倾，身体重心移至抢球脚上。如对方已有准备，在双方脚同时触球时，脚触球后要顺势向上提拉，使球从对方脚背滚过，身体迅速跟上，把球控制住。当双方上体接触时，抢球人可用合理部位冲撞对方，使之失去平衡，从而将球控制在自己脚下。

（2）侧面抢断

当防守队员与带球进攻的队员并肩跑动，或二人争夺迎面来球时，双方都可采用侧面抢断方式。

当与对方平行跑动争球时，身体重心要降低，两臂贴紧身体。在对方靠近自己的脚离地时，可用肩和上臂做合理的冲撞动作，使对方身体失去平衡，从而把球抢过来。

（3）后面抢断（铲球）

后面抢断（铲球）是抢断技术中较困难的一种，一般是在用其他方法抢不到球时才采用铲球方式。

铲球有两种方法：一种是脚掌铲球；另一种是脚尖或脚背铲球。

当防守人追至离运球人右后方 1 m 左右时，可用右脚掌或左脚尖（脚背）进行铲球。在运球人的左侧时，则用左脚掌或是右脚尖（脚背）进行铲球。如用右（左）脚掌铲球，可在运球人刚刚将球拨出时，先蹬左（右）腿，跨右（左）腿，膝关节弯曲，以脚外侧从地面滑出，用脚掌将球踢出，然后小腿、臀部、上体依次着地，身体随铲球动作向前滚动。

温馨提示

铲球脚离地面超过球的高度，易伤害对手造成犯规。

6. 假动作

假动作指运动员在比赛中为了隐蔽自己真实的动作意图，利用各种动作的假象来迷惑对方，使对方对其动作产生错误的判断或失去身体重心，形成对自己有利的形势，从而取得时间、空间位置的优势，达到自己真实动作的意图。

（1）踢球假动作技术

当运动员已控制球或正准备控制球，准备与同伴配合及接球时，对手前来堵抢，挡住其路线，这时可先向一方做假动作；当对手以假当真去封堵假动作的路线时，应突然改变踢球脚法将球传或接向另一方，如图 3-11 所示。

（2）头顶球与胸接球假动作技术

当队员面对胸部以上的高空来球准备接时，对手迎面逼近准备抢截，此时接球的队员可做出以胸或头接或顶的假动作诱使对手立定，以假当真；在其封堵接、传球路线时，突然改变动作，用头或胸将球顶出或接住。

图 3-11　踢球假动作技术

（3）运球假动作技术

运球假动作技术在比赛中是较常见的，它不仅用来突破正面对手，而且可以用来摆脱来自侧面和后面的对手。

当对手迎面跑来抢截球时，可用左（右）脚的脚背内侧扣拨球动作结合身体的虚晃动作，诱使对手的重心发生偏移，然后用左（右）脚的脚背外侧向同侧方向拨运球越过对手，如图 3-12 所示。

图 3-12　运球假动作技术

当对手从侧面来抢截球时，先做快速向前运球动作，诱使对手紧追，这时突然减速做停球假动作，当对手上当时，再突然起动，加速推球，向前甩掉对手。

当对手从身后来抢截球时，运球者用左（右）脚掌从球的上方擦过，做大交叉步，身体也随动作前移，诱使对手向运球者的移动方向堵截，然后以运球脚前脚掌为轴，突然向右（左）后方转身，再用右（左）脚脚背内侧将球扣回，把对手甩掉。

3.1.3　基本战术

1．局部配合进攻战术

（1）“二过一”战术配合

“二过一”战术配合指两个进攻队员在局部地区通过两次或两次以上的连续传球配合，越过一个防守队员的战术行动。“二过一”是集体配合的基础，可以在任何场区、位置上运用这种方法摆脱对方的抢断或突破防线。“二过一”是进攻的两个队员之间相距 10 m 左右进行一传一切的配合。要求传球平稳、及时，一般多用“脚内侧”“脚外侧”等脚法，以传低平球为主。球传的位置尽可能是接球人脚下或前面两三步远的地方。

（2）“三过二”战术配合

“三过二”战术配合指在比赛场地中的局部地区，通过 3 个进攻队员的连续配合突破 2 防守队员的防守。由于这种配合有 2 同队队员可以同时接应传球，因此使持球人的传球路线更多，且进攻面也更大。

2. 比赛阵形

为了适应攻守战术的需要，全队队员在场上的位置排列和职责分工称为比赛阵形。比赛阵形是本队攻守力量搭配和分工的形式。

比赛阵形根据队员的职责和排列的层次分为后卫线、前卫线和前锋线。阵形的人数排列原则是从后卫数向前锋的，守门员不计算在内。

目前，世界上普遍采用的阵形有“4-3-3”“4-4-2”“4-1-2-3”“3-5-2”等。在以上阵形中，除“4-4-2”阵形以防守为主、反击为辅外，其他阵形均以进攻为主，尤其以“3-5-2”阵形更为突出。

选择阵形要以本队队员的特长、技能、技术水平与球队的特点为依据。此外，阵形绝不是僵化的规定，每个队员都应在明确基本位置和主要职责的前提下，进行创造性的活动。

3. 整体进攻战术

整体进攻战术指在比赛中一方获得球后，通过队员之间的传递配合达到射门的目的而采用的配合方法。与局部进攻战术相比，整体进攻战术具有进攻面更加扩大、进攻和反击速度更加快速等特点。

（1）边路进攻

边路进攻一般是围绕边锋进行的配合方法，因此边锋的速度要快，个人突破能力要强，传中技术要突出。其方法是由守转攻时，获球队员将球传给边锋或其他边路上的队员，从边路发起进攻，经过局部配合突破后，一般采用下底和回扣传中方式，将球传到中央，由其他队员包抄射门。

（2）中路进攻

中路进攻时，必须要求边锋拉开，借以牵制对方的后卫，诱使对方中间区域出现较大的空隙，为中路进攻创造有利条件。前场和中场队员要机动灵活地跑位，以有效调动拉开对方的防线。进攻的推进应有层次和梯队。传球要准确，技术动作应在跑动中准确、简练地完成。

（3）快速反击

比赛中当攻方进攻时，其后卫线往往压至中场附近，防守人数也由于插上进攻和助攻而相对减少，此时如防守方能抓住对方防区空隙较大和回防速度较慢的机会，趁攻方失球之机发动快速反击，往往能取得良好的效果。但其难度较大，既要冒险，又要有准确、快速的传切配合技能。

4．整体防守战术

整体防守战术主要有盯人防守、区域防守和综合防守3种。

（1）盯人防守

盯人防守是指被盯防的对手跑到哪个位置就盯防到哪里的一种防守战术。盯人防守分为全场盯人和半场盯人。这种防守方法是对口盯人，分工明确，但体力消耗大，一旦被突破，很难补位，会使整个防线出现很大的漏洞。因此，在比赛中单纯采用人盯人防守的方法是不利的。

（2）区域防守

由攻转守时，根据场上位置的分布，每个防守队员负责防守一定的区域，当对方队员跑到本区域时就负责盯防，离开这个区域就不再跟踪盯防。这种战术较为省力。但是，对方可以任意交叉换位，容易造成局部以少防多的被动局面。因此，目前在比赛中已经很少采用这种防守方法。

（3）综合防守

综合防守是指将盯人防守与区域防守相结合的防守方法。综合防守是目前在比赛中普遍采用的一种防守方法，它集中了盯人防守和区域防守的优点，从而在防守中能根据场上情况进行逼抢、盯人、保护与补位，以达到防守的目的。

5．局部配合防守战术

（1）补位

补位是足球比赛中在局部地区队员集体进行配合的一种方法。当防守过程中一个防守队员被对手突破时，另一个队员应立即上前进行封堵。

（2）围抢

围抢是足球比赛中在某局部位置上，防守一方利用人数上的相对优势（通常是两三个队员）同时围堵对方的持球队员，以求在短暂时间内达到抢断球或破坏对方进攻（防守）的目的。

（3）造越位战术

造越位战术是利用规则而设计的一种防守战术，是一种以巧制胜的省力打法，因而成为一种重要的防守手段。由于该战术配合难度较大，运用不好会适得其反，让对手钻空子，因此往往为水平较高的球队所采纳，但也不宜过多运用。

3.2　篮球

本节介绍篮球的竞赛规则、基本技术、基本战术。

3.2.1　竞赛规则

1. 赛制

篮球比赛由两个队参加，每队上场 5 人，其中 1 人为队长，替补球员有 7 人。

将球投入对方球篮得 2 分，在 3 分区外投入对方球篮得 3 分，罚球中 1 次得 1 分。

比赛由 4 节组成，每节 10 min。在第 1 节和第 2 节（第一半时）之间，第 3 节和第 4 节（第二半时）之间及每一决胜期之前有 2 min 的比赛休息时间；两个半时的比赛休息时间为 15 min，以全场得分多者为胜。如果在第 4 节比赛时间终了时比分相等，需要一个或多个 5 min 的决胜期继续比赛，直至决出胜负。

比赛中每队的换人次数不限。但是，要登记的暂停在第一半时的任何时间每队可准予 2 次，在第二半时任何时间每队可准予 3 次，每一决胜期的任何时间每队可准予 1 次。

整个比赛过程由裁判员（三人制包括主裁判员、第一副裁判员和第二副裁判员，二人制包括主裁判员和副裁判员）、记录台人员（包括记录员、助理记录员、计时员和 24 s 计时员）和技术代表管理。

2. 违规判罚

篮球比赛中对规则的违反有违例和犯规两大类。

（1）违例

违例是违反规则。

罚则是将球权判给对方队在靠近发生违例的地点掷球入界。

① 带球走。当持活球的队员用同一只脚向任何方向踏出一次或多次，其另一只脚（称为中枢脚）不得离开与地面的接触点，如果中枢脚离开了这个接触点就构成带球走违例。

② 非法运球。队员在运球后，用双手同时触及球或允许球在一手或双手中停留时，运球即完毕。运球结束后，除非失去控球权后又重新控制球，否则不得再次运球，如果再次运球，则为非法运球违例。

③ 拳击球或脚踢球。比赛中队员不得故意用拳击球或用腿的任何部分去阻挡球，否则将判违例。如果球偶然地接触到腿的任何部分，或腿的任何部分无意碰到球，则不算违例。

④ 球回后场。在比赛中，前场控制球的队，不得使球再回到后场，否则为球回后场违例。具体判定球回后场有 3 个条件：①该队必须控制球；②球进入前场后，在球又回到后场前该队队员（或裁判员）最后触及球；③球回到后场后，该队队员在后场最先触及球。这 3 个条件必须依次连续发生。

⑤ 干涉得分和干扰。投篮（罚球）的球在飞行下落并完全在篮圈水平面之上时，双方队员不可触及球。当投篮的球触及篮圈时，双方队员都不得触及球篮或篮板，不得从下方伸手穿过球篮并触及球，不得使篮板和篮圈摇动。如果进攻队员违犯这一规定，中篮无效，将球判给对方在罚球线延长部分的界外掷球入界；如果防守队员违犯这一规定，不论是否投中，均判投篮（罚球）队员得分。

⑥ 3 s 违例。当某队在前场控制活球并且比赛计时钟正在运行时，该队队员在对方的限制区内持续停留的时间不得超过 3 s；否则，便是违例。

⑦ 5 s 违例。进攻球员必须在 5 s 之内掷出界外球；或在被严密防守时，必须在 5 s 之内传、投或运球；当裁判员将球递给罚球队员时，该队员必须在 5 s 内出手；否则，便是违例。

⑧ 8 s 违例。一个球队从后场控制活球开始，必须在 8 s 内使球进入前场（对方的半场）；否则，便是违例。

⑨ 24 s 违例。每当一名队员在场上获得控制活球时，该队必须在 24 s 内尝试投篮；否则，便是违例。

（2）犯规

犯规是对规则的违犯，含有与对方队员的非法身体接触和/或违反体育道德的举止。对犯规者登记犯规并随后按规则予以处罚。

① 侵人犯规。侵人犯规即队员与对方队员的接触犯规。无论球是活球还是死球，队员均不应通过伸展其手、臂、肘、肩、髋、腿、膝或脚来拉、阻挡、推、撞、绊、阻止对方队员行进；以及不应将其身体弯曲成“反常的”姿势（超出其圆柱体）；也不应放纵任何粗野或猛烈的动作；违反这些规定裁判要给犯规队员登记 1 次侵人犯规。如果对未做投篮动作的队员犯规，由非犯规队在靠近犯规地点的界外掷球入界重新开始比赛。如果犯规队处于全队犯规处罚状态，裁判应判给未做投篮动作的队员 2 次罚球，代替掷球入界。如果对正在做投篮动作的队员犯规，如果投篮成功，应计得分并判给 1 次追加罚球；如投篮未中，则要根据投篮的地点，判给 2 次或 3 次罚球。

② 技术犯规。技术犯规包含（但不限于）行为性质的队员的非接触犯规，如不顾裁判员警告；没有礼貌地冒犯裁判员、技术代表、记录台人员或球队席人员；使用冒犯或煽动观众的语言或举止；戏弄对方队员或在对方队员的眼睛附近摇手妨碍其视觉；在球穿过球篮后，故意触及球以延误比赛；假摔以伪造一次犯规等。

队员技术犯规，裁判应给其登记一次技术犯规，作为全队犯规之一计数。教练员、替补队员和随队人员的技术犯规，对每一起违犯行为都要登记教练员一次技术犯规，但不作全队犯规之一计数。

③ 违反体育道德的犯规。根据裁判员的判断，一名队员不是在规则规定的范围内合法地抢球，发生的接触犯规就是违反体育道德的犯规。应给犯规队员登记 1 次违反体育道德的犯规，判给对方罚球，以及随后在记录台对面的中线延长部分掷球入界或在中圈跳球开始第一节（如犯规发生在第一节比赛前）。

3.2.2 基本技术

1. 移动

进攻者运用急起、急停、转身、变速变向跑等移动动作，摆脱防守完成进攻任务。防守者则运用跑、停、滑步、后撤步、交叉步等动作阻止进攻。这些争取比赛主动权的行动都离不开快速、灵活的脚步移动动作。

2. 投篮

按照持球的方法不同，投篮可分为双手投篮和单手投篮；依据投篮前球置于身体部位的不同，可分为胸前、肩上、头上等不同的投篮动作；就运动员投篮时的移动形式而言，又可分为原地、行进间和跳起投篮。

（1）原地双手胸前投篮

两脚左右或前后站立，两膝微屈，两脚脚跟略离地面，上体稍向前倾，两手手指自然张开，握球两侧略后的部位，两拇指相对成“八”字形，掌心空出，持球于胸前，屈肘靠近身体，如图 3-13 所示。投篮时，两脚蹬地身体伸展，同时两臂向前上方伸出，拇指向前上方用力推送，手腕稍外翻，使球从拇指、食指、中指指尖投出，球向后旋转飞行。

（2）原地单手肩上投篮（以右手为例）

右手五指自然分开，手心空出，用指根以上部位持球，大拇指和小拇指控制球体，左手扶球的左侧，右手屈肘，肘关节自然弯曲，置球于右肩上方。投篮时，下肢蹬地发力，右臂向前上方伸直，手腕前屈，食指、中指用力拨球，通过指端将球柔和地送出。球出手的同时，身体随投篮动作向前伸展，如图 3-14 所示。

（3）行进间单手低手投篮（以右手为例）

在跑动中接球或运球突破上篮时，应先跨右脚接球或拿球，接着跨左脚起跳，左脚跨的步子稍小一些（已能掌握基本动作者，其左脚跨出的步子大小，可根据对方防守的情况和自身进攻的需要选择），右腿屈膝上抬，身体上升到最高点时，右臂向上伸或向前上方伸，掌心向上，用手指和手腕的力量，将球上拨，如图 3-15 所示。

图 3-13　原地双手胸前投篮

图 3-14　原地单手肩上投篮

投篮基本技术

图 3-15　行进间单手低手投篮

（4）运球急停跳投（以右手为例）

在快速运球中，用一步或两步的方式接球停步，两膝微屈，身体重心下降，迅速蹬地起跳，同时两手迅速举球于右肩上。当身体接近最高点处于稳定的一刹那，迅速向上伸臂，用右手的手腕和手指的力量将球投出，如图 3-16 所示。

图 3-16　运球急停跳投

3. **传球、接球**

（1）传球基本技术

① 双手胸前传球。两手五指自然分开，拇指相对成“八”字形，用指根以上部位握球的两侧后下方，掌心空出，两臂自然弯曲于体侧，将球置于胸前。肩、臂、腕肌肉放松，两眼注视传球目标，身体成基本姿势。传球时，后脚蹬地，身体重心前移，同时两臂前伸，手腕由下向上翻转，同时拇指用力下压，食指、中指用力弹拨，将球传出，如图 3-17 所示。双手胸前传球是一种最基本、最常用的传球方法，具有准确性高、容易控制、便于变化的优点。

图 3-17　双手胸前传球

② 单手肩上传球（以右手为例）。在原地右手肩上传球时，两脚前后开立，右脚在前，侧对传球方向，右手肩上托球于头侧，掌心空出，以转体、挥臂、甩腕及手指拨球的力量将球传出，如图 3-18 所示。单手肩上传球是一种中远距离的传球方法。其特点是传球力量大、速度快、距离远，在长传快攻和突破起跳分球时经常采用。

图 3-18　单手肩上传球

③ 单手体侧传球（以右手为例）。两脚开立，两腿微屈，双手持球于胸前。传球时，左脚向左跨步的同时将球移至身体右侧，在出球前一刹那，持球手的拇指在上，掌心向前，手腕后屈，出球时前臂向前做弧线摆动，当球摆过身体右前方时，迅速收前臂，用手腕、手指的力量将球传出，如图 3-19 所示。其特点是隐蔽、动作快而幅度小。

图 3-19 单手体侧传球

④ 反弹传球。反弹传球是一种近距离较隐蔽的传球方法，是小个队员对付高大防守者的有效传球手段。方法很多，如单手或双手胸前、单手体侧、单手背后等反弹传球，都可通过地面反弹传球给同伴。反弹传球动作方法与各种传球相同。但运用反弹传球时要掌握好球的击地点，一般应在传球者距离接球者 2/3 的地方。当防守自己的对手距离自己较远，而传球的距离又较近时，可向防守者的脚侧击地传出。球弹起的高度一般在接球者的腰部为宜。

（2）接球基本技术

接球时眼睛要注视来球，肩、臂都要放松，手臂应迎球伸出，手指自然分开。当手指触球时，屈肘，臂后引，缓冲来球的力量，两手握球，保持身体平衡，以便做下一个动作。

① 接反弹球。掌心要向着来球反弹的方向，屈膝弯腰并向前下方伸手迎球，五指自然分开成上、下手接球动作。在球刚刚离地弹起时，手指触球将球接住。接球后手腕迅速向上翻，持球于胸腹前保持身体平衡，成基本站立姿势。

② 接球后急停。安全接球后急停已成为进攻技术的基础。要点是正确运用转入下次进攻的衔接点，不要做带球走等违规的动作。

③ 摆脱接球。摆脱接球是抢先一步接球的动作。为了安全、准确地接球，无球队员以切入、策应等配合创造接球机会。

4. 运球

运球不仅是个人摆脱防守进攻的有力手段，而且还是组织全队进攻战术配合的重要桥梁。下面介绍几种主要的运球技术。

（1）身前换手变换方向运球

右手运球向左侧做变向时，右手拍球的右侧上方，使球从右侧反弹向左侧，同时左脚向左侧前方跨步，右侧肩向前，并迅速用左手拍球的正后方继续运球前进，如图 3-20 所示。左手运球向右变向时，则与右手动作相反。从左至右、从右至左变换方向运球，其特点是便于结合假动作，变化突然，易造成防守者的判断错误，伺机运、传。以娴熟的左、右假动作和反弹高运球突然降低至 30～50 cm 的低运球来控制身体重心是运球的诀窍。

图 3-20 身前换手变换方向运球

（2）胯下运球

胯下运球是使球穿过两腿之间来改变运球方向的运球技术，如图 3-21 所示。近来有更多使用胯下运球技术的倾向。其原因是两腿可以保护球，且可以安全转换方向，使防守者的手难以够着球。

（3）后转身运球

身体左侧对着防守者，左脚在前做中枢脚，右手在右后侧运球或向后运球，同时做后转身，换左手拍球的后上方运至左侧，右脚落地贴近防守者的右侧（脚尖向前），然后运球继续前进，如图 3-22 所示。基特点是转身时便于保护球、改变球的路线幅度大、攻击力强、灵活多变。

图 3-21　胯下运球

图 3-22　后转身运球

（4）运球急停急起

可用两步急停，两腿屈膝前后开立，跨出第一步时，身体稍后仰。同时，按拍球的上方，降低球的反弹高度，使球在原地反弹，同时降低身体的重心，用腿和异侧臂护球。急起时，拍球的后上方。身体重心移至前脚掌，同时后脚迅速蹬地跨出超越防守者，迅速向前推进，如图 3-23 所示。其特点是动作突然、起动快、线路多变、攻击力强、易摆脱防守。

图 3-23　运球急停急起

5. 抢篮板球

抢篮板球分为抢进攻篮板球和抢防守篮板球两种。

（1）抢进攻篮板球

当同伴或自己投篮时，处在近篮的进攻队员首先应判断球的反弹方向，然后先向相反方向的侧前方跨步，利用身体虚晃的假动作，诱开身前的防守队员，挤到对手的前面或侧前方，抢占有利位置，借助跨步或助跑起跳，跳至最高点补篮或抢篮板球。

（2）抢防守篮板球

当对方投篮出手后，首先应注意对手的动向，并根据当时与进攻队员所处的位置和距离的远近，运用上步、撤步和转身抢占有利位置，把进攻队员挡在身后，与此同时还要判断球的落点准备起跳，如图 3-24 所示。

图 3-24　抢防守篮板球

6. 防守

（1）防守无球队员

防守队员应站在对手与球篮之间的内侧，保持与对手有适当的距离和角度，做到以人为主，人球兼顾，使对手和球处于自己的视野之内，随对手的动作积极跟进移动，调整防守位置，堵截其移动和接球的路线，手臂配合做出伸出、挥摆、上举等动作，干扰对手接球，争取抢、断球。

① 防纵切。A 传球给 B，a 及时偏向球侧错位防守，当 A 向篮下纵切要球时，a 应抢前防守，合理运用身体堵住对方的切入路线，同时伸臂封锁接球，迫使对手向远离球的方向移动，如图 3-25 所示。

② 防横插。A 持球，C 欲横插过去要球，c 应上步挡住对手，并伸臂不让对手接球，用背贴着对手，随其移动到有球一侧，如图 3-26 所示。

③ 防溜底。A 持球，C 溜底的时候，c 要面向球滑步移动，至纵轴线时，迅速上右脚前转身，错位防守，右臂伸出不让对方接球，如图 3-27 所示。

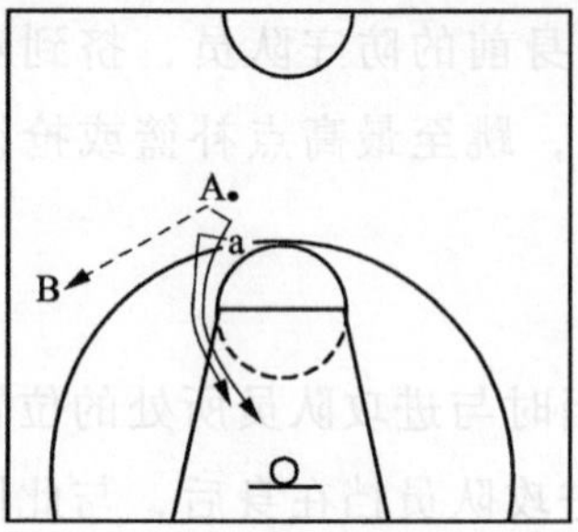

图 3-25　防纵切

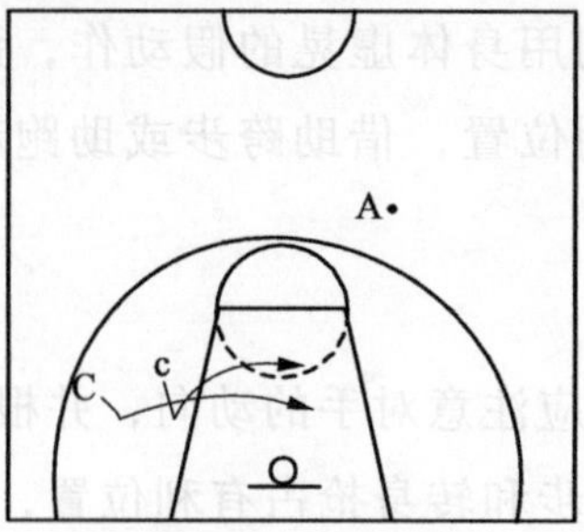

图 3-26　防横插

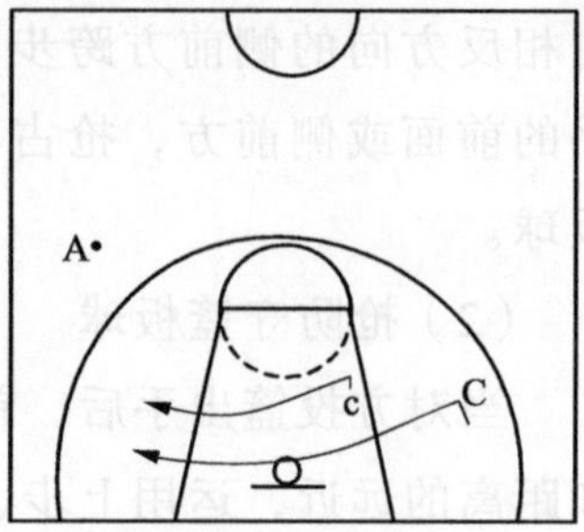

图 3-27　防溜底

（2）防守持球队员

当对手接球后，防守队员迅速调整防守位置和距离，占据对手与球篮之间的有利位置，还要与对手保持适当的距离（一臂左右）。一般来说，对手离球篮远则防守队员离对手远，反之则稍近，并根据对手的特点（投篮或突破）而有所调整。防守持球队员在离球篮近时采用贴近的攻击步防守，离球篮远时则采用平步防守；无论采用哪一种防守，都要积极移动，阻截和干扰对方传球、投篮，同时伺机抢、断球。

3.2.3　基本战术

1. 基础配合

（1）进攻基础配合

进攻基础配合，是指两三名进攻队员，为了创造投篮机会，合理运用技术而组成的合作方法。

① 传切配合。传切配合有两种，分别为一传一切配合和空切配合。

一传一切配合如图 3-28 所示，A 传球给 D 后，立刻摆脱对手。A 向篮下切入，接 D 的回传球投篮。空切配合如图 3-29 所示，A 传球给 D 时，C 突然切向篮下接 D 的传球投篮。

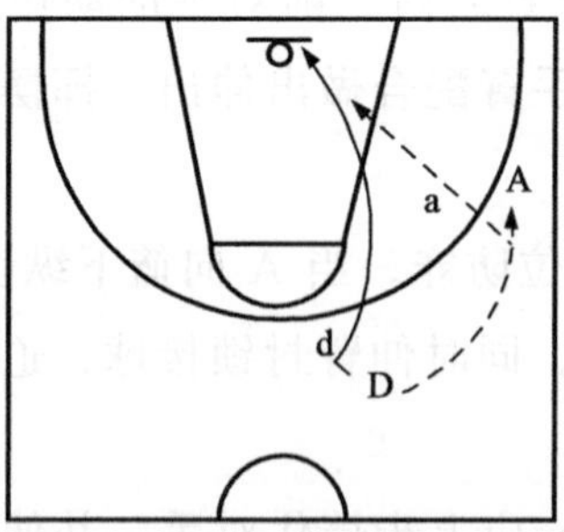

图 3-28　一传一切配合

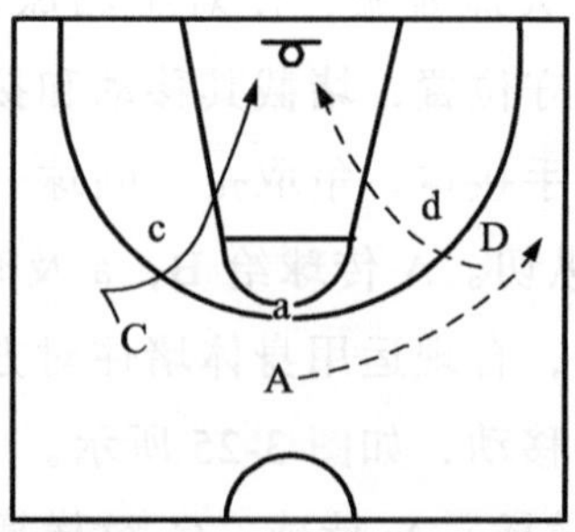

图 3-29　空切配合

② 突分配合。突分配合是有球队员持球突破后，主动或应变地利用传球与同伴配合的方法。其要求是，突破动作要突然、快速，在突破过程中，要随时观察场上

攻、守队员行动和位置的变化，既要做好投篮的准备，又要及时、准确地传球给同伴。其他进攻队员要掌握时机及时跑到有利于进攻的位置上接球。

③ 掩护配合。掩护配合是掩护队员采用合理的行动，用自己的身体挡住同伴的防守者的移动路线，使同伴得以摆脱防守，或利用同伴的身体和位置使自己摆脱防守的一种配合方法。掩护配合的形式根据掩护的位置和方向不同，分为前掩护、后掩护和侧掩护 3 种。

（2）防守基础配合

防守基础配合，是指两三名防守队员，为破坏对方进行配合，或当同伴防守出现困难时，及时互相协作行动的方法。以下是几种常用的配合。

① 关门配合。“关门”是两个防守队员靠拢协同防守突破的配合方法。如图 3-30 所示，当 D 从正面突破时，a、d 或 d、c 进行关门配合。

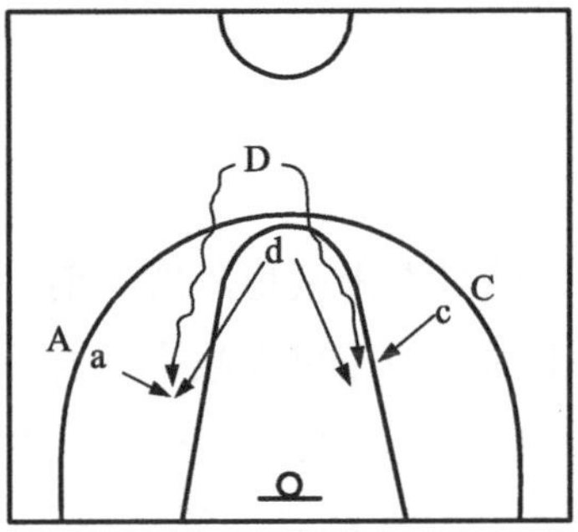

图 3-30　关门配合

关门配合的要求是，防守队员应积极堵住进攻者的突破路线；临近突破一侧的防守队员要及时向同伴靠拢进行“关门”，不给突破者留有通过的空隙。关门配合也运用于区域联防。

② 夹击配合。夹击配合指两个防守队员积极防守一个进攻队员的配合方法。如图 3-31 所示，A 从底线突破，a 封堵底线，迫使 A 停球，d 同时向底线迅速跑去与 a 协同夹击 A，封堵其传球路线，迫使其违例或失误。

运用夹击配合时要正确地掌握夹击的时机和区域。行动要果断，出其不意。在形成夹击时要用身体和腿部限制进攻队员的活动，用手臂封堵传球或接球，但要防止不必要的犯规。

③ 补防配合。补防配合指防守队员在同伴漏防时，立即放弃自己的对手，去补防那个威胁最大的进攻者，而与漏人的防守队员及时换防的一种协同防守方法。如图 3-32 所示，D 传球给 A，突然摆脱 d 的防守直插篮下，此时 c 放弃 C 的防守补防 D，d 去补防 C。

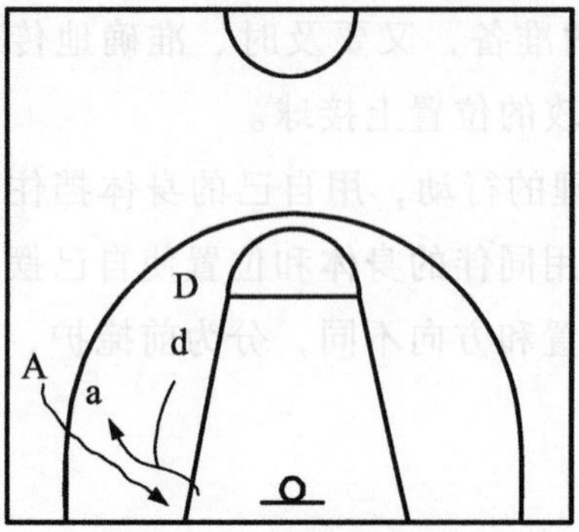

图 3-31　夹击配合

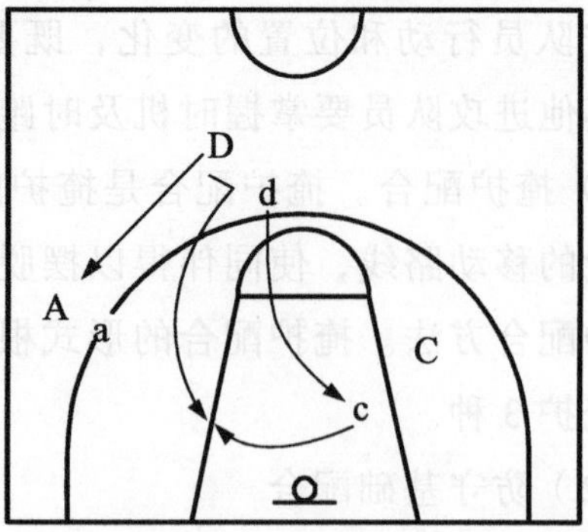

图 3-32　补防配合

温馨提示

应特别注意整体配合，包括配合的位置、距离、路线和时机，其中以配合时机尤为关键。此外，还要注意保持攻守平衡。

2. 快攻与防守快攻

（1）快攻

快攻是由防守转入进攻时，趁对方未站稳阵脚之前，抓住战机以最快的速度、最短的时间，果断而合理地发动攻击的一种速决性战术配合。发动快攻的时机是在抢获后场篮板球、抢球、断球和跳球获球后。快攻的形式有长传快攻、短传与运球结合快攻等。

① 抢后场篮板球长传快攻。D 抢到后场篮板球后，首先观察场上的情况，寻找长传快攻机会，B 和 C 判断 D 有可能抢到篮板球时，便立即起动快下，争取超越防守队员接 D 的长传球投篮，如图 3-33 所示。

② 断球长传快攻。c 断球后，看到 b 已快下，可立即传球或运球后传球给 b 投篮，如图 3-34 所示。

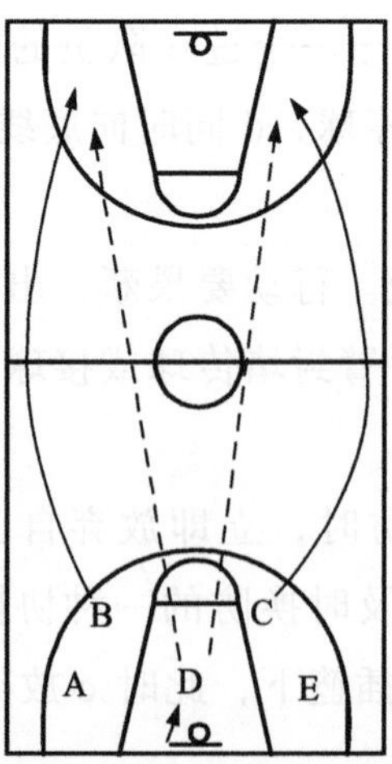

图 3-33　抢后场篮板球长传快攻

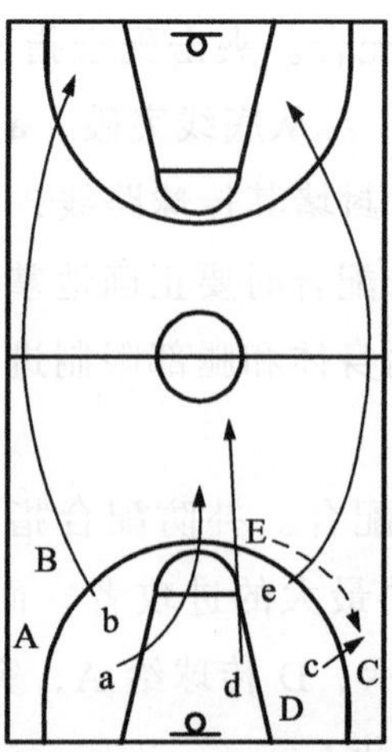

图 3-34　断球长传快攻

③ 短传与运球结合快攻。短传与运球结合快攻是指队员在后场获球后，利用快速的短传球和运球推进相结合的方法迅速推进到前场进行攻击的一种配合方法。其特点是参加人数多、机动灵活、层次清楚、容易成功，但对队员的配合技巧要求较高。

（2）防守快攻

篮板球是发动快攻的主要先决条件之一，积极地与对方争抢前场篮板球是防止发动快攻的重要步骤。

① 防守快攻的关键。有组织、积极地堵截对方发动快攻的第一传，是防守快攻的关键。

② 防守快下队员。快下队员是对方长传快攻的主要成员，如果快下队员接到球，将给防守造成极大的困难。因此，当对方抢获篮板球时，外线队员要迅速退守，在退守过程中，控制好中路，堵截快下路线，紧逼沿边线快下的进攻队员，切断对方长传球的路线。

③ 提高以少防多的能力。当对方发动快攻并迅速地向前场推进时，防守队往往来不及全部退防，出现以少防多的局面。提高一防二、二防三的能力，重点防篮下，为同伴回防赢得时间，这就必须提高个人防守能力，以及同伴之间的相互补防能力。

3. 攻防半场人盯人

（1）人盯人防守战术

人盯人防守战术是在由攻转守时，放弃前场的防守，全队迅速退回后场，每人盯住自己对手的配合方法。它是以个人防守为基础，综合运用挤过、穿过、交换、关门、夹击等几个人之间的防守基础配合所组成的全队战术。

① 防守要点。人盯人防守要从由攻转守时开始。此时，每个队员都要快速退向自己的后场，立即找到对手，形成集体防守；要根据对手、球、球篮选择有利位置，做到球、人、区兼顾，与同伴协同防守。

② 防守原则。“以球为主，人球兼顾”“有球紧，无球松”“近球紧，远球松”，积极移动，抢占有利位置。

③ 运用时机。半场扩大人盯人防守主要用于对付外围远投较难、突破与篮下进攻能力和后卫控制球能力相对较弱的队，而本队需要扩大战果，争抢时间时；半场缩小人盯人防守用于对付中远距离投篮不准、突破和篮下攻击能力较强的队，本队得分已占优势，保持体力再扩大战果时。

（2）进攻人盯人防守战术

进攻人盯人防守战术是根据人盯人防守战术的特点，从每个队员的具体实际出发，综合运用传接球、投篮、运球、突破等个人技术动作和传切、掩护、策应等几个人之间的战术基础配合所组成的一种全队进攻战术。

进攻人盯人防守战术的要点为“由守转攻后，要迅速到位”。

3.3　排球

本节主要介绍排球的竞赛规则、基本技术、基本战术。

3.3.1　竞赛规则

1. 规则简介

排球是一项集体比赛项目，由两队 12 名队员组成，两队各派 6 名队员在由球网分开的场地上进行比赛。

比赛的目的是各队遵照规则，将球击过球网，使其落在对方场区的地面上，而防止球落在本方场区的地面上。每队可击球 3 次（拦网触球除外），将球击回对方场区。

比赛由发球开始，发球队员击球使其从网上飞至对方场区，比赛由此连续进行，直至球落地、出界或某一队不能合法地将球击回对方场区。

排球比赛采用五局三胜制，胜三局的队胜一场。比赛中，某队胜 1 球，即得 1 分（每球得分制）。接发球队胜 1 球时得 1 分，同时获得发球权，队员按顺时针方向轮转一个位置。每局比赛（决胜局第五局除外）先得 25 分并同时领先对手 2 分以上的队胜一局。当比分为 24：24 时，比赛继续进行至某队领先 2 分（26：24、27：25…）为止。决胜局先得 15 分并同时领先对手 2 分以上的队获胜。当比分为 14：14 时，比赛继续进行至某队领先 2 分（16：14、17：15…）为止。

2. 发球犯规

发球犯规包括发球击球时的犯规和发球击球后的犯规。

发球击球时的犯规包括：①发球次序错误；②发球队员在击球或击球起跳时，踏及场区（包括端线）或发球区以外地面；③发球队员在第一裁判员鸣哨允许发球后 8 s 内未将球击出；④球未被抛起或持球手未清楚撤离就击球；⑤双手击球或单手将球抛出、推出；⑥将球抛起准备发球却未击球。

发球击球后的犯规包括：①球触及发球队其他队员或球的整体没有从过网区内通过球网的垂直平面；②界外球；③球越过发球掩护的个人或集体（在发球时，某一队员或两名以上队员密集站位或挥臂跳跃、移动遮挡接发球队员，且发出去的球从他或他们上空飞过，则构成个人或集体发球掩护犯规）。

3. 击球时的犯规

（1）连击犯规

排球比赛时，运动员身体任何部分均可触球，但一名队员（拦网队员除外）连续击球两次或球连续触及身体的不同部位即为连击犯规。但在第一次击球时，允许队员在同一击球动作中，球连续触及身体的不同部位。

（2）持球犯规

排球运动员在比赛中，身体任何部分均可触球，但球必须被击出，不得接住或抛出，否则即为持球犯规。

（3）4 次击球犯规

一个队连续触球 4 次（拦网除外）为 4 次击球犯规。队员不论是主动击球还是被动触及，均算该队击球一次。

（4）借助击球犯规

队员在比赛场地内借助同伴或任何物体的支持进行击球，皆为借助击球犯规。

（5）队员在球网附近的犯规

队员在球网附近的犯规包括过网击球犯规、过中线犯规、触网犯规和网下穿越进入对方空间妨碍对方比赛犯规等。对方进攻性击球前或击球时，在对方空间触及球为过网击球犯规。比赛进行中，队员整只脚、手或身体其他任何部分越过中线并接触对方场区，为过中线犯规。比赛过程中，队员触网或触标志杆不是犯规，但队员在击球时或干扰比赛情况下的触网或触标志杆为犯规。队员击球后可以触及网柱、全网以外的网绳或其他任何物体，但不得影响比赛。比赛过程中，在不妨碍比赛的情况下，允许队员在网下穿越进入对方空间。若网下穿越进入对方空间的队员妨碍了对方比赛则为犯规。

（6）同时击球

双方队员或同队队员可以同时触球。同队的两名或两名以上队员同时触到球，被计为两次或两次以上击球（拦网除外）。双方队员在网上同时击球后，如果球落入场内，应继续比赛，获得球的一方仍可击球 3 次。

（7）拦网犯规

拦网犯规包括过网拦网犯规、后排队员拦网犯规、拦发球犯规和从标志杆外伸入对方空间拦网犯规几种情况。在对方进攻性击球前或击球时，在对方空间拦网触球为过网拦网犯规，判断过网拦网的依据是进攻队员与拦网队员触球时间的先后。后排队员或后排自由防守队员完成拦网或参与完成集体拦网，为后排队员拦网犯规。拦对方发过来的球为拦发球犯规。从标志杆外伸入对方空间拦网并触球为拦网犯规。

（8）后排队员进攻性击球犯规

后排队员在前场区内或踏及进攻线（或其延长线），将整体高于球网上沿的球，击过球网垂直面或触及对方拦网队员，则为后排队员进攻性击球犯规。

4. 位置错误

排球规则规定，当发球队员击球时，如果场上队员不在其正确位置上，则构成位置错误犯规。下列情况之一者均为位置错误犯规：①发球队员击球时，场上其他队员未完全站在本场区内；②发球队员击球时，场上队员未按“每一名前排队员至少有一只脚的一部分比同列后排队员的双脚距中线更近”的规定站位；③发球队员击球时，场上队员未按“每一名左边（右边）队员至少有一只脚的一部分比同排中间队员的双脚距左（右）边线更近”的规定站位。

5. 暂停和换人

在比赛中，每局每队最多可以请求 2 次暂停并有 6 次换人机会，暂停时间限制为 30 s。第 1～4 局，每局另外有 2 次时间各为 60 s 的技术暂停，每当领先队达到 8 分和 16 分时自动执行。决胜局（第 5 局），没有技术暂停，每队在该局中可请求 2 次 30 s 的普通暂停。

6. 自由防守队员的有关规定

排球比赛的各队可以在最后确认的 12 名队员中选择 1 名作为自由防守队员（Libero）。自由防守队员身着区别于其他队员颜色的服装。比赛前，自由防守队员必须登记在记分表上，并在旁边注明“L”字样，其号码必须登记在第一局上场阵容位置表上。自由防守队员仅作为特殊的后排队员参加比赛，在任何位置上（包括比赛场区和无障碍区）都不得将高于球网的球直接击入对方场区完成进攻性击球。自由防守队员不得发球、拦网或试图拦网。自由防守队员在前场区进行上手传球且所传球的整体高于球网上沿时，其同伴不得在高于球网处完成对该球的进攻性击球。

3.3.2 基本技术

1. 准备姿势

按照身体重心的高低，准备姿势可分为稍蹲准备姿势、半蹲准备姿势和低蹲准备姿势 3 种，如图 3-35 所示。

（1）稍蹲准备姿势

两脚左右开立与肩同宽，一只脚在前，两膝微屈，身体重心位于两脚之间，并稍靠近前脚，后脚跟稍提起，上体稍前倾，两臂放松，自然弯曲置于腹前。两眼注视球并兼顾场上各种情况，两脚保持微动状态。

（2）半蹲准备姿势

两脚开立略比肩宽，两膝弯曲，脚跟自然提起，上体前倾，重心靠前，膝部的垂直线应在脚尖前面，两臂放松，自然弯曲置于腹前，两眼平视，注意来球，两脚始终保持微动。

（3）低蹲准备姿势

身体重心比半蹲准备姿势更低、更靠前，两脚左右、前后的距离更宽一些，膝部弯曲的程度大于半蹲准备姿势。身体重心要更靠前，肩部垂直线过膝，膝部垂直线超过脚尖。两手臂置于胸腹之间。

AR
启动增强现实动画

图 3-35　准备姿势

2. 移动

移动由起动、移动步法和制动 3 个环节构成。

（1）起动

起动是移动发力的开始，它的快慢是移动的关键，起动的速度取决于正确的准备姿势、反应能力和腰腿部的速度和力量。

（2）移动步法

起动后应根据临场战术的需要，灵活地采用各种移动步法进行移动。

① 并步与滑步。并步如向前移动，则后脚蹬地，前脚向来球方向跨出一步，后脚迅速跟上做好击球准备。连续并步就是滑步。

② 跨步与跨跳步。跨步如向前移动，则后脚用力蹬地，前脚向来球方向跨出一大步，膝部弯曲，上体前倾，身体重心移至前腿上。跨步过程中有跳跃腾空即为跨跳步。

③ 交叉步。以向右交叉步为例，上体稍向右转，左脚从右脚前面向右交叉迈出一步，然后右脚再向右跨出一大步，同时身体转向来球方向，保持击球前的姿势。

④ 跑步。跑步时两臂要配合摆动，如球在侧方或后方时应边转身边跑。

⑤ 综合步。综合步即以上各种步法的综合运用。

（3）制动

在快速移动之后，为了保持稳定的击球姿势和克服身体惯性的冲力，必须运用制动技术。

① 一步制动法。一步制动时，最后跨出一大步，同时降低重心，膝和脚尖适当内转，全脚掌横向蹬地，抵住身体重心继续移动的趋势，并用腰腹力量控制上体，使身体重心的投影落在两脚所构成的支撑面内。

② 两步制动法。两步制动时，以倒数第二步做第一次制动，接着跨出最后一步做第二次制动，同时身体后仰，重心下降，双脚用力蹬地，使身体处于做下个动作的有利姿势。

3. 发球

发球是 1 号位队员在发球区内自己抛球后，用一只手将球直接击入对方场区的一种击球方法。发球是排球技术中唯一不受他人制约的技术。

排球发球

（1）正面上手发球

队员面对球网，两脚前后自然开立，左脚在前，用左手托球于身前，抬高手臂，手掌平托上送，将球平稳地垂直抛于右肩前上方，高度适中。在左手抛球的同时，右臂抬起，屈肘后引，肘与肩平，上体稍向右转。击球时，利用蹬地、转体和收腹带动手臂挥动，在右肩前上方伸直手臂的最高点，以全手掌击球的中下部，如图 3-36 所示。击球时，手指自然张开吻合球，手腕要迅速主动地做推压动作，使击出的球呈上旋式飞行。为了加强发球的力量和攻击性，还可采用一步、两步或多步的助跑发球方法。

图 3-36　正面上手发球

跳发球是在端线附近助跑起跳的上手发球（见图 3-37），极具攻击性，但技术难度较大，需要球员同时具备相当好的弹跳力、爆发力和控制能力。

图 3-37　跳发球

（2）正面上手发飘球

正面上手发飘球是采用正面上手的形式，使发出的球不规则地飘晃飞行的一种发球方法。

准备姿势同正面上手发球，但抛球比正面上手发球稍低、稍靠前。击球前，手臂自后向前做直线挥动。击球时，五指并拢，手腕稍后仰，用掌根平面击球的中下部，作用力通过球体重心。击球瞬间手指、手腕紧张，手形固定，不加推压动作，并有手臂突停动作，如图 3-38 所示。

图 3-38　正面上手发飘球

（3）正面下手发球

正面下手发球是正面对网，手臂由后下方向前摆动，在腹前将球击入对方场区的发球方法。

面对球网，两脚前后开立，左脚在前，两膝微屈。上身稍前倾，重心偏后脚。左手持球于腹前，将球轻轻抛起在体前右侧，离手高约 20 cm，在抛球的同时右臂伸直以肩为轴向后摆动，借右腿蹬地力量，身体重心随着右手向前摆动击球而移至前脚上。在腹前以全手掌、掌根或虎口击球后下方，如图 3-39 所示。

图 3-39　正面下手发球

（4）勾手飘球

勾手飘球采用侧面对网站位，可利用身体转动和腰部力量带动手臂快速挥动击球，比较省力。勾手飘球是目前排球比赛中常用的一种发球方法，男、女队员均可采用。

发球队员应左肩对网，左手将球平衡抛向左肩前上方，抛至相同于击球点的高度。在抛球的同时，右臂伸直向身体右侧后下方摆动，身体重心移至右脚。当球开始上升到最高点时，右脚蹬地，身体向左侧转动，带动手臂沿弧线轨迹挥动，在右肩前上方以掌根或半握拳拇指根部坚硬平面击球后中下部，击球一瞬间，手腕稍后仰并保持紧张，用力集中，作用力要通过球体的重心。击球后，可做突停或下拖动作，但不能有推压的动作。

温馨提示

无论采用哪种发球动作，都必须做到以下3点：一是平稳抛球，二是击球要准，三是手法要正确。

4. 垫球

垫球在比赛中主要用于接发球、扣球、拦回球及防守和处理各种困难球。现将几种常用的垫球技术做如下介绍。

(1) 正面双手垫球

正面双手垫球是双手在腹前垫击来球的一种垫球方法，是各种垫球技术的基础，是最基本的垫球方法，适合于接各种发球、扣球和拦回球，在困难时也可以用来组织进攻。

正面双手垫球的基本手形有抱拳式、叠掌式和互靠式，如图 3-40 所示。

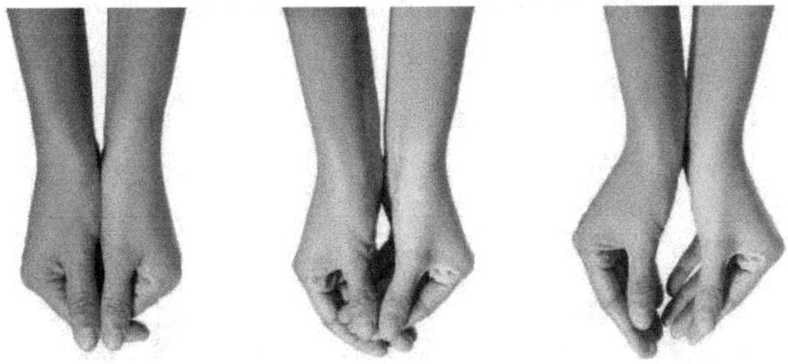

图 3-40 正面双手垫球的基本手形

正面双手垫球在垫轻球、垫中等力量来球和垫重球时，其动作方法是有一定区别的。

① 垫轻球。垫轻球采用半蹲准备姿势，双手成垫球手型，手腕下压，两臂外翻形成一个平面，当球飞到腹前一臂距离时，两臂夹紧前伸，插到球下，向前上方蹬地抬臂，迎击来球，利用腕关节以上 10 cm 左右处的桡骨内侧平面击球的后下部，身体重心随击球动作前移，如图 3-41 所示。

图 3-41 垫轻球

② 垫中等力量来球。垫中等力量来球的动作方法与垫轻球相同，由于来球有一定力量，因此击球动作要小，速度要慢，手臂适当放松。

③ 垫重球。垫重球时，根据来球的高低和角度，采用半蹲或低蹲准备姿势，击球时要含胸、收腹，手臂要随球屈肘后撤，适当放松，以缓冲来球力量。在撤臂缓冲的同时，用微小的小臂和手腕动作控制垫球方向和角度。

（2）体侧垫球

体侧垫球简称侧垫，是在身体侧面垫球的一种垫球方法。其特点是控制来球面宽，但较难把握垫击的方向、弧度和落点。

左侧垫球时，以右脚前脚掌内侧蹬地，左脚向左跨出一步，身体重心随即移至左脚，并保持左膝弯曲，两臂夹紧向左侧伸出，左臂高于右臂，右肩向下倾斜，再向右转腰和收腹，配合两臂在体侧截击球的后下部，如图 3-42 所示。

图 3-42 左侧垫球

（3）跨步垫球

向前或向侧跨出一步的垫球方法称为跨步垫球。当来球的速度较快、弧线低、距身体 1 m 左右时，可采用跨步垫球的方法。跨步垫球时，当判断来球的落点后，迅速向来球方向跨出一大步，屈膝深蹲，臀部下降，两臂夹紧伸直插入球下，用两前臂的内侧平面击球的后下部，对准垫出方向，将球平稳垫起，如图 3-43 所示。

图 3-43 跨步垫球

（4）单手垫球

当来球较远、速度快、来不及或不便用双手垫球时，可采用单手垫球。单手垫球动作快，垫击围大，但触球面积小，不易控制。单手垫球可采用各种步法接近球，可采用虎口、半握拳、掌根、手背及前臂内侧击球。

5. 传球

传球是排球运动的一项重要技术，是组织进攻战术的基础。传球主要运用在第二传，用于衔接防守和进攻。

常见的传球方式有以下 3 种。

（1）正面传球

面对出球方向的传球动作称为正面传球。正面传球是最基本的传球方法，是其他传球技术的基础。

采用稍蹲准备姿势，当来球接近额头时，开始蹬地、伸膝、伸臂，两手微张经脸前向前上方迎球。击球点在额头前上方约一球距离处。当手触球时，两手自然张开成半球形，手腕稍后仰，两拇指相对成“一”字或“八”字形，两手间有一定距离，用拇指内侧、食指全部、中指的二三指节触球的后下部，无名指和小指在球两侧辅助控制传球方向。两肘适当分开，两前臂之间约成 90° 夹角，传球时主要依靠腿、臂、手指、手腕力量，以及球的反弹力将球传出，如图 3-44 所示。

图 3-44　正面传球

（2）背传球

背对传球目标的传球动作称为背传球。身体背面要正对传球目标，上体保持直立或稍后仰，身体重心在两脚之间，双手自然抬起，放松置于脸前。迎球时，抬上臂、挺胸、上体后仰。击球点保持在额上方，比正传稍高、稍后。触球时，手腕后仰并适当放松，掌心向上，击球的下部，手型与正面传球相同，如图 3-45 所示。背传球动作要领是蹬地、展腹、抬臂、伸肘，依靠手指、手腕的弹力，将球向后上方传出。

AR
启动增强现实动画

图 3-45　背传球

（3）跳传

跳传是当一传弧线较高而又接近球网时，所采用的跳起传球技术，目前在比赛中运用比较广泛，一般用于二传。跳传可起到加快进攻速度和迷惑对方的作用，并且可使进攻战术多样化，扩大进攻的范围，减少二传环节中的失误。

起跳时，首先选好起跳点和掌握好起跳时间。起跳后，两臂屈肘抬起，两手放置于脸前，击球点保持在额上方，在身体跳至最高点时，做伸臂动作，用手指、手腕的弹力将球传出，如图 3-46 所示。由于人在空中，无法用上伸腿蹬地的力量去传球，因此，要加大伸臂的幅度和速度。

图 3-46　跳传

6. 扣球

扣球是攻击性最强、最有效的进攻手段，在比赛中占有非常重要的地位。

（1）正面扣球

正面扣球是扣球技术中的一种重要方法，是比赛中运用较多的一项进攻性技术，适用于近网和远网扣球。

① 准备姿势。扣球助跑前采用稍蹲姿势，两臂自然下垂，站在离网 3 m 左右处，身体转向来球方向，观察来球，做好向各个方向助跑起跳的准备。

② 助跑。助跑开始时，左脚先向前迈出一步，紧接着右脚再快速跨出一大步，左脚及时并上，踏在右脚之前，两脚尖稍向右转。两臂绕体侧向上引摆。

③ 起跳。在助跑跨出最后一步（即第二步），左脚并上踏地制动的同时，两臂自后积极向前摆动，随着双腿蹬地向上起跳，两臂配合起跳有力地向上摆动。

④ 空中击球。起跳后，挺胸展腹，上体稍向右转，右臂向后上方抬起，身体成反弓形。挥臂时，应迅速转体、收腹发力，依次带动肩、肘、腕各部位关节向前上方成鞭甩动作挥动。击球时，五指微张，以掌心为主，全掌包满球，在手臂伸直的最高点的前上方击球的后中部，同时主动用力屈腕屈指向前推压球，使扣出的球呈上旋状态。

⑤ 落地。落地时，以两脚前脚掌先着地再迅速过渡到全脚掌着地，同时顺势屈膝、收腹，以缓冲下落的力量，立即做好下一个动作的准备。

（2）调整扣球

调整扣球是指在接发球或后排防守垫球不到位时，二传队员从后场区将球传到网前所进行的扣球。调整扣球技术动作与正面扣球相同，但由于二传球来自后场区，有近网球，也有远网球，还有拉开球和集中球，与球网有一定的角度并且弧线不固定，扣球队员难以判断，因此扣这种球难度较大。因此，扣球队员要准确判断来球的方向、弧线、速度和落点，调整好人和球的关系，选择好起跳点，掌握好起跳时间，根据人和球网的距离，合理地采用不同的扣球方法，控制好扣球的力量、速度、方向、路线和落点。

（3）扣快球

扣快球是扣球队员在二传队员传球前或传球的同时起跳，并迅速将二传队员传出的球，击入对方场区的扣球。扣快球在时间上争取主动，起到攻其不备、突然袭击的作用，可使对方拦网和防守产生判断错误。这种扣球的特点是速度快、力量大、时间短、落点近、突然性强、牵制能力大。扣快球技术动作方法较多，有近体快球、半快球、短平快球、平拉开快球、背快球、背平快球、调整快球等。

（4）自我掩护扣球

① 时间差扣球。扣球队员利用起跳时间的差异迷惑对方拦网的扣球称为时间差扣球。这种扣球可运用在近体快球、背快球、短平快球等扣球中。扣球时，按扣快球的助跑、摆臂节奏佯作起跳，以诱使对方起跳拦网。待对方拦网队员下落后，扣球队员立即原地起跳扣半高球。

② 位置差扣球。扣球队员按扣球的时间助跑，在助跑后佯作踏蹬、下蹲与摆臂动作明显的起跳扣球，但助跑后不起跳，待对方队员拦网起跳时，突然变向侧跨出一步，动作幅度、挥臂幅度小，速度快，用双足或单足“错”开拦网人的位置起跳扣

球，称为位置差扣球，或称错位扣球。

③ 空间差扣球。扣球队员利用助跑的冲力和专门的踏蹬技术，使身体向前上方跃出，把正面区位盯人拦网的对手甩开，使扣、拦在空中出现差误，称为空间差扣球，也叫冲飞扣球。

7. 拦网

（1）单人拦网

单人拦网是集体拦网的基础。其动作结构分为准备姿势、移动、起跳、空中动作和落地部分，如图 3-47 所示。

① 准备姿势。队员面对球网，两脚左右开立，约与肩同宽，距网 30～40 cm。两膝微屈，两臂屈肘置于胸前。

② 移动。常用步法有一步、并步、交叉步、跑步等。无论采用哪种移动步法，都要做好制动动作，以避免向上起跳时触网和冲撞同队队员。

③ 起跳。原地起跳时，两腿屈膝，重心降低，随即用力蹬地，两臂以肩发力，在体侧近身处，做画弧或前后摆动，帮助身体迅速跳起。移动后的起跳，起跳动作与原地起跳一样，但要注意制动并使移动与起跳动作紧密衔接。

④ 空中动作。起跳时，两手从额前沿球网向上方伸出，两臂伸直并保持平行，两肩上提。拦网时，两臂应伸过网去接近球。两手自然张开，屈指屈腕成半球状。当手触球时，两手要突然收紧，手腕下压盖在球的前上方。

⑤ 落地。拦球后，要做含胸动作，以保持身体平衡。手臂要先后摆或上提，从网上收回至本方上空，再屈肘向下收臂，以保持身体平衡。与此同时屈膝缓冲，双脚落地，随即转身面向后场，准备接应来球或做下一个动作准备。

图 3-47　单人拦网

（2）双人拦网

由前排两名队员互相靠近，同时起跳组成的拦网，称双人拦网。双人拦网是集体拦网的一种，是比赛中常用的一种拦网形式，主要在对方大力扣球时采用。

双人拦网时，应以一人为主拦队员，另一人为配合队员。但主拦队员不是固定的，一般情况下距对方扣球点近的队员应为主拦队员。主拦队员必须抢先移动到正对扣球点的位置，做好起跳准备，配合队员则迅速移动靠近主拦队员准备同时起跳。两队员之间的距离一定要合适，距离太远，跳起后将出现“空门”；距离太近，起跳时互相干扰，致使双方都跳不高。双人拦网起跳时，两人的手臂应该在体前画小弧向上摆伸，身体要尽量垂直向上起跳，防止互相碰撞或干扰。手臂在空中既不能重叠，造成拦击面缩小，又不能间隔太宽，造成中间漏球。扣球靠近边线时，靠边线近的拦网队员外侧的手应适当内转，以防打手出界。

（3）三人拦网

三人拦网也是集体拦网的一种形式。它是在对方扣球进攻力强，路线变化多，但很少轻扣和吊球时采用。三人拦网的动作方法与双人拦网相同，关键在于移动迅速、取位恰当、配合密切。无论对方从哪个位置进行扣球，一般都以 3 号位队员为主拦队员，2 号、4 号位队员为配合队员。由于三人拦网对配合的要求高，加之减弱了防守、保护的力量，故只在很有必要的情况下才采用。

拦网队员要在瞬间从防守转为进攻、从被动转为主动，而完成这些都要在空中进行，所以难度较大，这就要求拦网队员应积极主动，判断准、起动快、跳得高、下手狠。

3.3.3 基本战术

1. 阵容配备

（1）“三三”配备

“三三”配备形式由 3 名进攻队员和 3 名二传队员组成。站位时，1 名进攻队员间隔 1 名二传队员。目前采用这种配备形式的球队比较少，它一般适用于初学者和水平较低的球队。

（2）“四二”配备

“四二”配备形式由 4 名进攻队员（主攻和副攻队员各 2 名）和 2 名二传队员组成，他们分别站在对角的位置上。目前，在水平一般的球队中采用这种配备形式的比较多。

“四二”配备的优点是每一轮次前排都有 1 个二传队员和 2 个进攻队员，便于组织“中二三”“边二三”进攻，战术配合有一定的稳定性。缺点是前排进攻点相对较少，隐蔽性差，不能适应高水平球队的要求。

（3）“五一”配备

“五一”配备形式由 5 名进攻队员和 1 名二传队员组成。位置的安排与“四二”

配备基本相同，只是由1名进攻队员站在与二传对应的位置上作为接应二传，其目的是应对在主二传来不及到位传球时所出现的被动局面，但主要还是承担进攻任务。这种阵容配备在水平较高的球队中普遍采用。

“五一”配备的优点是加强了拦网和前排进攻力量，全队的进攻队员只需适应1名二传队员的技术特点，有利于统一指挥、相互配合，能够更好地控制比赛的节奏，使进攻战术富于变化。缺点是当二传队员轮转到前排时，有3轮前排只有2名进攻队员，影响了前排整体进攻的威力。

2. 进攻战术

进攻战术主要有以下3种形式：“中一二”进攻战术、“边一二”进攻战术和“插上”进攻战术。

（1）“中一二”进攻战术的形式特点

容易组织，但战术变化少，只能两点进攻，战术意图容易被识破，战术的突然性和攻击性小。其变化形式有：扣球队员通过二传队员传出集中、拉开、背传和平快等各种球，采用斜线助跑、直线助跑和跑动中变步起跳扣球等。

（2）“边一二”进攻战术的形式特点

形式简单，容易掌握，也是基本战术形式之一。“边一二”进攻战术的变化形式除“中一二”战术形式变化外，还可组织“快球掩护拉开”“前交叉”“围绕”“快球掩护夹塞”“梯次”“短平快掩护拉开”“掩护活点进攻”等战术。

（3）“插上”进攻战术的形式特点

保持前排3人进攻，充分利用网的全长，发挥每个队员的特点，能够快速、多变地组织各种战术。进攻的突破点多、变化性大，使对方难以有效地组织集体拦网和防守。

3. 防守战术

这里主要介绍“心跟进”和“边跟进”两种防守战术。

（1）“心跟进”防守战术

在本方拦网能力强，对方采取打吊结合时采用“心跟进”防守战术。当对方4号位队员进攻时，本方2号、3号位队员拦网，后排中心的6号位队员在本方拦网时跟在拦网队员之后进行保护，其余3名队员组成后排弧形防守。其优点是加强了前区的防守能力，缺点是后排防守队员之间的空档较大。

（2）“边跟进”防守战术

多在对方进攻较强、吊球较少时采用“边跟进”防守战术。当对方4号位队员进攻时，本方2号、3号位队员拦网，其他4个队员组成半圆弧形防守。如遇对方吊前区，由边上1号位队员跟进防守。其优点是加强了拦网，缺点是边上的队员既要防直线，又要跟进防前区，比较困难。

3.4 羽毛球

本节主要介绍羽毛球的竞赛规则、基本技术、基本战术。

3.4.1 竞赛规则

1. 挑边

赛前，采用挑边的方法（抛硬币）来决定发球方和场区。挑边赢者将优先选择发球或接发球，以及在一个半场区或另一个半场区比赛；输者在余下的一项中选择。

2. 计分方法

羽毛球世界联合会（简称“世界羽联”）于2006年5月在日本东京举行的年度代表大会上，正式决定实行21分的新赛制。这一赛制成为所有羽毛球国际大赛的通用赛制。21分的赛制对于提高运动员的积极性、减少运动员受伤及电视转播等方面较15分制有更大的优势。

世界羽联21分制实行每球得分制，所有单项的每局获胜分皆为21分，最高不超过30分。每场比赛采取三局两胜制，先到21分的一方赢得当局比赛。当双方比分为20∶20时，获胜一方需超过对手2分才算取胜；直至双方比分打成29∶29时，则先到第30分的一方获胜。首局获胜一方在接下来的一局比赛中先发球。

3. 站位方式

（1）单打

当发球方的分数为0或偶数时，双方运动员均在各自的右发球区发球或接发球；当发球方的分数为奇数时，双方运动员均在各自的左发球区发球或接发球。

（2）双打

比赛中，当比分为0或偶数时，球由右发球区对角发向对方场地的右接发球区；当比分为奇数时，球由左发球区对角发向对方场地的左接发球区。比赛中，当一方连续得分时，发球者必须在右或左发球区交替发球，而接发球方队员的位置不变。其他情况下，选手应站在上一回合的各自发球区不变，以此保证发球者的交替。

双打比赛无论是在开始还是在赛中，皆为单发球权，也就是说每次一方只有一次发球权。发球方失误不仅丢失发球权也将丢失1分，如果这时得发球权的一方得分为奇数，则必须是位于左发球区的选手发球，如果此时得发球权的一方得分为偶数，则必须是位于右发球区的选手发球。

双打比赛只有接发球队员才能接发球，若其同伴接发球或被球触及则“违例”，判发球方得分，当发球被回击后，球可由二人中任意一人击回，不得连击，如此往返直至死球。双打比赛发球时，发球队员和接发球队员必须站在规定的发球区和接发球区内发球和接发球，他们的同伴站位可以不受限制，但不得妨碍对方。运动员发球和接发球顺序有误，已得比分有效，纠正方位或顺序。

4. 赛中间歇方式

每场比赛均采用三局两胜制。当任意一方在比赛中得到 11 分后，比赛将间歇 1 min；两局比赛之间的间歇时间为 2 min。

5. 比赛中常见的违例

① 过手违例：发球时，在击球的瞬间，发球员的拍杆应指向下方；否则，将判违例。

② 过腰违例：发球时，在击球的瞬间，整个球应低于发球员的腰部；否则，将判违例。

③ 挥拍有停顿：发球开始后，挥拍动作不连贯，将判违例。

④ 脚移动、触线或不在发球区内：自发球开始至发球结束，发球员或接发球员的两脚都必须有一部分与球场地面接触，不得移动，且都必须站在斜对面的发球区内，脚不得触及发球区或接发球区的界线；否则，将判违例。

⑤ 最初击球点不在球托上或发球时未能击中球，将判违例。最初击球点不在球托上指发球时，球拍先触及羽毛或同时击中羽毛和球托。

⑥ 发球时，球没有落在规定的接发球区内，如发出的球没有落于对角的场区内或不过网，或挂在网上、停在网顶等，将判违例。球从网下或网孔穿过，触及天花板或触及运动员的身体或衣服，将判违例。

⑦ 球触及球场或其他物体或人，将判违例。击球点超过网的向上延伸面，即在对方场区上空击球，将判违例。

⑧ 运动员的球拍从网上、网下侵入对方场区导致妨碍对方或分散对方注意力或妨碍对方、阻挡对方靠近球网的合法击球，将判违例。

⑨ 同一运动员连续两次挥拍击中球，或双打的同方两名队员连续各击中球一次，将判违例。

⑩ 球停在球拍上，紧接着被拖带抛出，将判违例。

⑪ 运动员严重违反或屡次违反比赛的连续性的规定或运动员行为不端，如擅自离开比赛场地喝水、擦汗、换球拍、接受场外指导等，或故意破坏羽毛球、举止无礼等，将判违例。

6. 重发球

① 重发球时，原回合无效，由原发球员重新发球。

② 除发球外，球过网后，挂在网上或停在网顶，判重发球。

③ 发球时，发球方和接发球方同时被判违例，判重发球。

④ 发球方在接发球方未做好准备时，将球发出，判重发球。

⑤ 球在飞行时，球托与球的其他部分完全分离，判重发球。

⑥ 裁判员对该回合不能做出判决时，判重发球。

⑦ 出现意外情况，判重发球。

7. 交换场区

① 第一局比赛结束时，双方应交换场地。

② 若局数为 1∶1，则在第三局比赛开始前，双方应交换场地。

③ 在第三局比赛中，领先一方得分达到 11 分时，双方应交换场地。

④ 若应交换场地而未交换，一旦发现应立即交换，已得分数有效。

3.4.2 基本技术

1. 握拍

羽毛球的握拍一般分为正手握拍法和反手握拍法。

（1）正手握拍法

右手虎口对准拍柄窄面内侧斜棱，小指、无名指、中指自然并拢，食指和中指稍分开，大拇指的内侧和食指贴在拍柄的两个宽面上将球拍柄握住，如图 3-48 所示。握拍时掌心不要贴紧拍柄，要使掌心与拍柄保持一定的空隙。

（2）反手握拍法

在正手握拍的基础上，将大拇指伸直用其第一指节内侧顶贴在拍柄内侧的宽面上，食指收回，与拇指同（或略）高，用大拇指和食指将球拍稍向外转，中指、无名指、小指紧握拍柄，拍柄端靠近小指根部，如图 3-49 所示。握拍手心与拍柄之间留有空隙，以便能充分利用手腕力量和大拇指的内侧压力击球。

图 3-48　正手握拍

图 3-49　反手握拍

2. 发球

羽毛球运动的发球技术，按其动作分为正手发球和反手发球两种。按球在空中飞行的弧线可分为网前球、平快球、平高球和高远球4种，如图3-50所示。

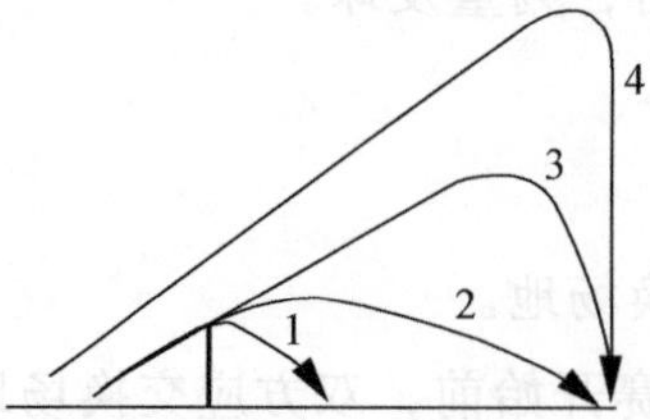

图3-50 发球技术

注：1—网前球，2—平快球，3—平高球，4—高远球。

羽毛球发球

（1）正手发高远球

高远球指把球发得又高又远，使球飞行到对方底线上空时，几乎垂直下落。

发球时，重心由后脚前移至前脚，带动转腰，同时右手持拍沿着从下而上的弧线自然地沿着身体向前上方挥摆，如图3-51所示。球拍触球前刹那，小臂带动手腕向前上方闪动发力，手紧握拍柄，利用手腕、手指爆发力及拍面的前半部击球。击球瞬间，拍面正对出球方向，击球点在发球员的右前下方。出球飞行弧度与地面仰角一般大于45°。

图3-51　正手发高远球

（2）正手发网前球

正手发网前球是把球发至对方发球区内前发球线附近。球的飞行速度较慢，飞行弧度较低，球“贴网”而过。它是双打比赛最常用的发球方法，在单打比赛中，用于对付接网前球较差的对手，有时也可以作为过渡性的发球，或发球抢攻战术的手段。在发球时，挥拍幅度较小，击球瞬间无须紧握拍柄，而是利用手腕和手指的力量从右向左横切推送，将球轻轻发出，如图3-52所示，球贴网而过。

图 3-52　正手发网前球

（3）正手发平快球

正手发平快球又称发平球，是把球发得又平又快，使球快速落在对方场内端线附近。平快球突袭性强，往往能使对手措手不及而造成被动或失误。准备姿势同发高远球的准备姿势，站位稍靠后些。击球瞬间紧握球拍柄，利用小臂挥动力量带动手腕、手指力量快速向前击球，球的飞行路线与地面形成的仰角小于 30°。

（4）反手发网前球

准备击球时手腕内屈，击球瞬间利用小臂带动手腕、手指力量向前横切推送，将球击出，如图 3-53 所示。发球时，挥拍较慢，力量较轻，球的落点近网，当球“贴”网而过后即往下坠落在对方发球区内前发球线附近。

图 3-53　反手发网前球

3. 接发球

接发球

单打站位一般是在离发球线 1.5 m 处，站在右发球区靠近中线的位置，在左发球区则站在中间的位置。双打发球多以发网前球为主，所以双打的接发球站位要在靠近前发球线的地方。

（1）接平高/高远球

接平高/高远球时可以用平高球、吊球或扣杀球进行回击，如图 3-54 所示。一般来说，接高远球是一次进攻的机会，回击得好就能掌握主动权。因此，初学羽毛球者必须努力提高后场进攻的能力。

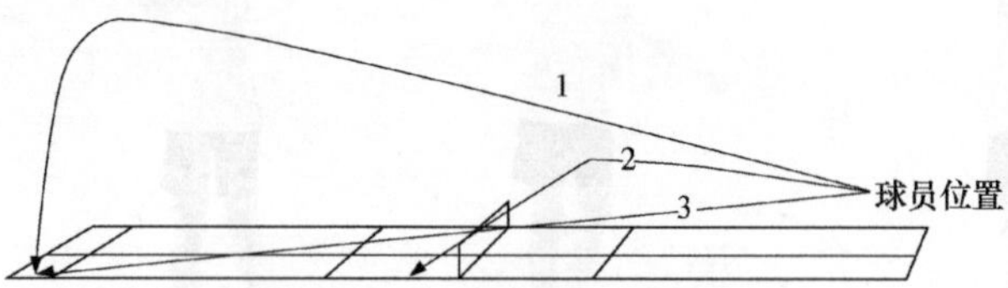

图 3-54　接平高/高远球

注：1—平高球，2—吊球，3—扣杀球。

（2）接网前球

接网前球时可以用平高球、高远球、放网前球、平球进行回击，如图 3-55 所示。如果对方发球的质量不高，或球离网顶较高过网，则可采用扑球进攻。若对方企图发球抢攻，而自己防守能力较差，则以放网前球或平推球为宜，落点要远离对方站位，控制住球，不让对方进攻。

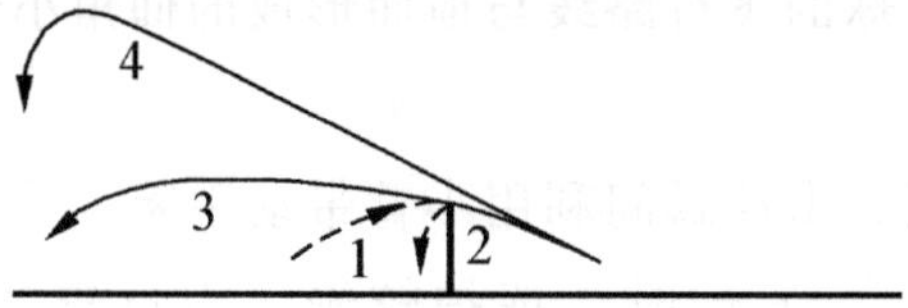

图 3-55　接网前球

注：1—发网前球，2—网前球，3—平球，4—平高/高远球。

4. 后场击球

后场击球主要由高远球、平高球、扣杀球和吊球等几项技术及相应的后退步法组成。其特点是击球点高、力量大、速度快、威力大。

（1）高远球

高远球飞行弧度高、速度慢，主要是迫使对方离开中心部位去击球；或当自己位置错乱时，击这种球来争取回位时间，所以比赛中在被动情况下常采用这种球进行过渡。

① 正手击高远球。用后场退步法迅速向来球方向移动，调整好身体与来球间的位置，使球恰好在右肩稍前方上空。当球落到一定的高度时，右手肘上抬，手臂后倒

引拍，以肩为轴做回环动作，同时身体左转，前臂充分向后下方摆动并外旋，手腕充分伸展，如图 3-56 所示。击球时，前臂迅速内旋带动手腕加速向前方挥动，手腕屈，收手指屈指发力，将球击出。

图 3-56 正手击高远球

② 反手击高远球。准备击球前，右脚在前（先不着地，在击球动作完成的瞬间着地），身体背向球网，持拍臂向上抬举，身体稍向左转，含胸收腹，左腿微屈，同时手臂回环内旋引拍，握拍手尽量放松，手腕稍向外展，如图 3-57 所示。当球下落至右肩前上方一定高度时，以上臂、前臂迅速外旋带动手腕加速，由左下方经胸前向右前上挥动。击球时手腕由伸展至屈收快速屈指发力，用反拍面将球击出。

图 3-57 反手击高远球

（2）平高球

击平高球与击高远球一样，也可分为正手、头顶和反手 3 种击球技术，是一种进攻性的击球技术。其技术动作与击高远球基本相同，所不同的是引拍、击球动作较高远球小而快，击球的瞬间运用前臂内旋带动手腕，向前快速发力击球。

（3）扣杀球

扣杀球从动作结构上可分为重杀、点杀、劈杀；从击球点距身体的位置可分为正手扣杀球、头顶扣杀球和反手扣杀球 3 种。而正手扣杀球是各种扣杀球的基础，初学者必须首先掌握好这一扣杀技术。

正手扣杀球如图 3-58 所示，准备姿势、击球动作与正手击高球大致相同，不同的是在击球瞬间需用全力，充分利用右腿的蹬力、腰腹力、手臂腕力及重心的转移，快速将球向前下方击出。球拍触球时拍面前倾向前下方用力，手握紧球拍，击球点在右肩稍前上方。

图 3-58　正手扣杀球

温馨提示

在实战中，扣杀球必须同其他各项进攻技术有机地结合起来，如盲目地进行单一的大力扣杀，往往不能争取主动，反而常常使自己陷入被动。

（4）吊球

吊球技术按球的飞行弧线和击球动作的不同分为劈吊、轻吊和拦截吊。其准备姿势与击高球、扣杀球相似，只是击球时用力不同。击球瞬间前臂突然减速，快速“闪”动手腕击球托的偏右侧（头顶吊球及反手吊球击球托的偏左侧）。打对角吊球时，当对方来球较高时，手腕向下切削的角度要大些，力量稍大些；当对方来球较平时，手腕向前推的动作要大些，向下切削的力量要小些。吊直线球时，拍面正对前方，向前下压。

不论劈吊还是轻吊，都要注意手腕灵活闪动，即注意爆发力的运用，同时还要注意掌握好击球点和控制好击球力量，将球吊准。拦截吊和假动作配合运用具有一定的威力，拦截对方击来的半场球或弧线较低的平高球能出其不意地达到进攻的效果。

5. 前场击球

前场击球包括网前的放、搓、推、勾、扑、挑球等，因球飞行距离较短，落地快，常使对手措手不及而直接得分。即使不能直接得分，也能迫使对方被动回球，创造下一拍的机会。现介绍几种常用的前场击球技术。

（1）放网前球

① 正手放网前球。准确判断来球路线和落点，跨步上网，最后一步右脚在前左脚在后成弓箭步，上体前倾重心在右脚，侧身对网，如图 3-59 所示。右手正手握拍向前下方伸臂，小臂外旋展腕，左臂自然后伸，起平衡作用，拍面几乎朝上迎击来

球。击球瞬间，手腕稍内屈轻轻闪动，食指和大拇指控制拍面角度和用力大小，球拍向前上方轻轻一托，把球轻击送过球网。

图 3-59 正手放网前球

② 反手放网前球。快速向前左侧上网，右脚前跨成弓箭步，侧背对网，上体前倾重心在右脚。右手反手握拍向前下方伸臂，小臂内旋展腕，左臂自然后伸，起平衡作用，拍面几乎朝上迎击来球。击球瞬间，伸腕轻闪动，食指和拇指控制拍面角度和用力大小，球拍向前上方轻轻一托，把球轻击送过球网。

（2）搓球

网前搓球是羽毛球技术中动作较细腻的一种，是网前技术中的高难度击球动作。

① 正手搓球。用正手上网步法迅速向来球方向移动，当右脚向前跨出时，持拍手向来球方向伸出，争取高击球点。左手于身后拉举与右手对称，以保持身体的平衡。正手搓球有两种击球方式：一种是手腕动作由展腕至收腕发力，由右向左以斜拍面切击球托的右后侧部位，此时球呈下旋翻滚过网；另一种是手腕动作由收腕至展腕发力，由左向右以斜拍面切击球托的左后侧部位，球则呈上旋翻滚过网。

② 反手搓球。用反手上网步法迅速向来球方向移动，其余动作与正手搓球相同，如图 3-60 所示。反手搓球有两种击球方式：一种是手腕动作由展腕至收腕发力，由左至右切击球托左后侧部位；另一种是手腕动作由收腕至展腕发力，由右向左切击球托的右后侧部位。

图 3-60 反手搓球

（3）扑球

扑球是在对方回球刚越过网顶上空时，运用跨步或蹬跳步迅速上前，利用前臂、手腕和手指的力量，快速地由高向下将球击回对方场区的击球方法。

① 正手扑球。对方来球距网较高时，快速跨步上网，身体向右前倾，手臂充分伸展，同时迅速变换握拍手法，使拍面与球网平行正对来球，如图 3-61 所示。击球时，主要利用中指、无名指、小指突然紧握拍柄和手腕闪动，将球向前下方击出。击球后，随前动作甚微，右脚落地制动。

图 3-61　正手扑球

② 反手扑球。反手握拍于左侧前，当身体向左侧前方跃起时，持拍手小臂前伸上举，手腕外展，拍面正对来球。击球时，手臂伸直，手腕由外展到内收闪动，手握紧拍柄，拇指顶压，加速挥拍扑击球。击球后即刻屈肘，球拍回收，以免球拍触网违例。

（4）挑球

挑球指将对方击来的网前区域低手位的球以较高的弧线向上击至对方端线附近上空。它是在被动情况下运用的一种过渡球。

① 正手挑球。右脚向网前跨出一大步，左脚在后，侧身向网，重心在右脚上。同时右臂向后摆，自然伸腕，使球拍后引。以肘关节为轴，屈臂内旋，并捏紧球拍。用食指及手腕的力量，从右下向右前方至左上方挥拍击球，将球向前上方击出，如图 3-62 所示。

图 3-62　正手挑球

② 反手挑球。右脚跨步向前成弓箭步，重心在右脚，侧身背对网。反手握拍，手臂向左前方伸出，小臂内旋屈肘屈腕，左臂自然后伸起平衡作用。击球时，以肘关节为轴，

小臂带动手腕、手指快速由左下方向前上方成半圆形挥拍击球，如图 3-63 所示。

图 3-63　反手挑球

6. 中场击球

中场击球技术主要包括接杀球、平抽球、平挡球技术，要求判断反应快，出手击球快，引拍预摆动作弧度小，由防转攻或由攻转防的意识强。

（1）接杀球

把对方扣杀过来的球还击回去，称为接杀球。接杀球主要由挡网前、挑后场和平抽球 3 种技术组成。

接杀球的站位一般在中场，两脚屈膝平行站立。右侧来球用正手挡，身体重心移向右脚。右手向右侧伸出，放松握拍，拍面略后仰对准来球。左侧来球用反手挡，身体重心移向左脚，右脚向左前方跨出一步，换成反手握拍，拍面略向后仰对准来球回击。

（2）平抽球

平抽球指击球点在肩以下，以较平的弧度、较快的球速、接近球网的高度，还击到对方场区的一种进攻性技术。击球时，应借助腰部的转体带动前臂、手腕和手指的力量快速、协调地发力。击球点尽可能地在身体的侧前方，这样有利于转动腰部和前臂旋内、旋外地发力。如果来球正对自己而又来不及闪让时，一般不要用正手击球。因为当来球靠近自己身体时，即使击球点在自己右侧腋下，反手也比正手容易发力还击。

（3）平挡球

平挡球和平抽球的动作结构基本相同，其区别主要在于：发力较小，通常无须身体部位发力，当对方来球力量较大时，还应有所缓冲；通常击球时不要握紧球拍，以免影响击球时对力量和出球方向的精确控制；羽毛球的飞行路线较短，一般落在对方前半场。

7. 基本步法

羽毛球的步法一般分为起动、移动、到位配合击球和回位 4 个环节。根据场上移动的方向和场区的位置，可以将羽毛球的步法划分为上网步法、后退步法和两侧移动步法。

（1）上网步法

从中心位置移动到网前击球的步法，称为上网步法。上网步法可根据各人习惯采用交叉步、并步、垫步或蹬跨步。不论正手或反手，根据来球远近，上网步法可采用三步、两步或一步上网击球。

① 右边上网步法。可采用两步或三步交叉步加蹬跨步移动的方法，如图 3-64 所示，也可采用垫一步再跨一大步移动的方法上网。

② 左边上网步法。左边上网步法与右边上网步法相同，只是移动上网是朝左边网前，如两步跨步上网，如图 3-65 所示。

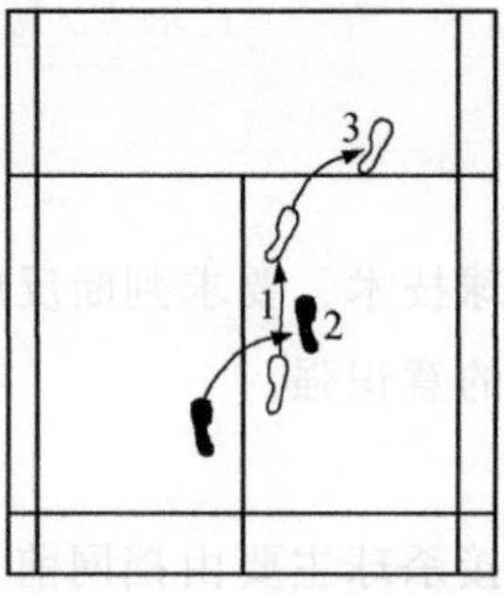

图 3-64　右边上网步法

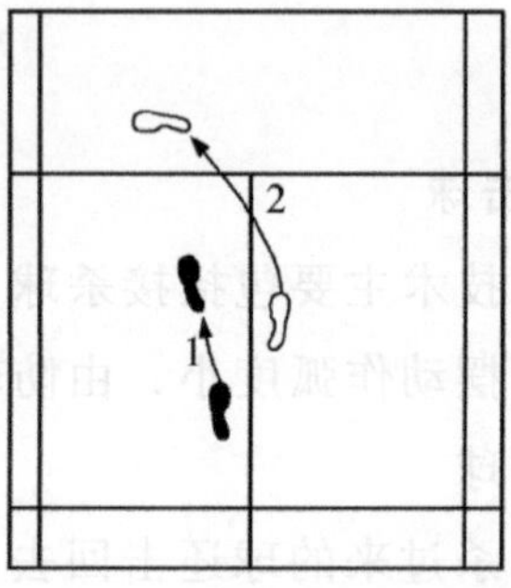

图 3-65　左边上网步法

（2）后退步法

从中心移动到后场各个击球点的位置上击球的步法，称为后退步法。

① 正手击球后退步法。正手击球后退步法分为侧身并步后退和交叉步后退两种，如图 3-66 所示。主要动作方法：在对方击球刹那间，判断来球，迅速调整重心至右脚。接着右脚蹬地快速向右后撤一小步，上体右转侧身对网，以交叉步或并步移动到接近击球点的位置。在移动的同时必须完成举拍准备动作，最后一步利用右脚（或双脚）蹬地起跳并在空中转体，击球后左脚后撤落地缓冲，右脚前跨以利于迅速回动。

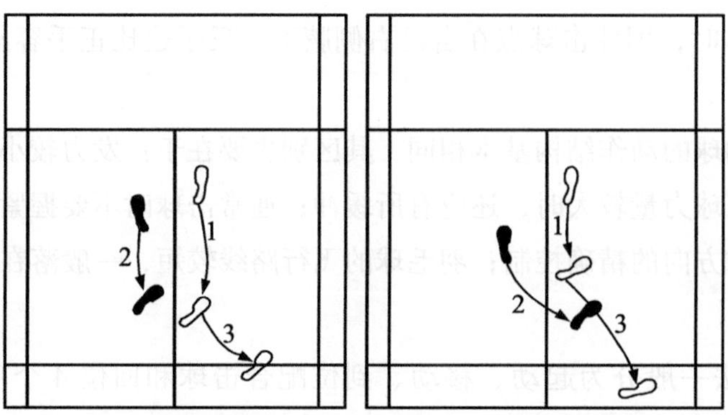

（a）侧身并步后退　　（b）交叉步后退

图 3-66　正手击球后退步法

② 反手击球后退步法。反手击球后退步法如图 3-67 所示，调整重心后，右脚后撤一步，接着上体左转，左脚随即向左后退一步，右脚再跨出一步，背对网，做底线反手击球。反手击球后退步法应根据来球距离的远近调整步法。如距离来球较近，可采用两步后退步法，上体向左后转，左脚同时后撤一步，右脚再向左后跨一步，做底线反手击球。如距离来球较远，则采用三步或五步后退步法：右脚先垫一步，而后左脚向后方跨一步，再按右、左、右向后退。但无论是几步，反手击球后退步法最后一步应右脚在后，重心在右脚上。

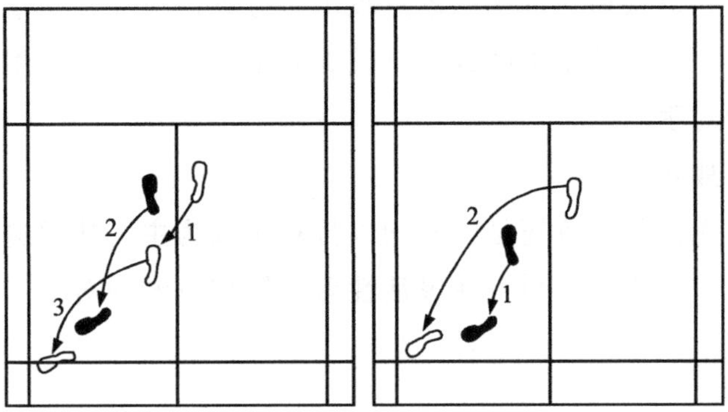

（a）三步后退　　（b）两步后退

图 3-67　反手击球后退步法

（3）两侧移动步法

两侧移动步法多用于接对方的杀球和击来的半场低平球。其站位和准备姿势与上网步法基本相同。

① 向右侧移动步法。两脚左右开立，脚跟稍提起，根据来球，调整重心，上体稍倒向左侧，左脚掌内侧用力起蹬，右脚同时向右侧转跨大步。如距离来球较远，左脚向右垫一小步再起蹬，右脚同时向右侧转跨大步。

② 向左侧移动步法。根据来球，调整重心，上体稍倒向右侧，右脚掌内侧用力起蹬，左脚同时向左侧转跨大步。如距离来球较远，左脚先向左侧移半步，上体向左转身的同时右脚向左前交叉跨大步。

3.4.3　基本战术

1. 单打战术

（1）发球抢攻战术

发球抢攻战术是运动员利用发球使对方被动，为自己创造进攻的一种战术。这种战术一般用发网前球结合平快球、平高球，争取第三拍的主动进攻。运动员使用这一战术，可以打乱对方的整个战略部署，造成对方措手不及。运用此战术时，要求运动员具有高质量的发球，否则难以成功。

（2）攻前击后战术

攻前击后战术是先以吊球、放网前球、搓球吸引对方到网前，然后用推球、平高球或杀球突击对方的后场底线，一般用于对付上网步法较慢或网前球技术较差的对手。采用此战术，要求运动员首先具有较好的网前击球技术。

（3）打四方球战术

打四方球战术是以快速、准确的落点攻击对方场区的4个角落，逼迫对方前后奔跑、被动应付，并在回球质量下降或露出破绽时乘虚而攻之。它用于对付体力差、反应和步法移动慢的对手。

（4）打对角线战术

打对角线战术无论是进攻还是防守均以打对角线为主，从而迫使对方在移动中多做转体、多走曲线。它用于对付身体灵活性差、转体较慢的对手。

2. 双打战术

（1）攻人战术

攻人战术是双打比赛常用的一种战术。攻人战术，即“二打一”或避强击弱战术。对方两个队员的技术水平一般是不均衡的，集中力量攻击对方较弱的队员，尽量使对方的特长得不到发挥，充分暴露对方的弱点，是此战术的目的。两个人对付对方的强者，消耗其体力，减弱其进攻威力，伺机突击空当，这也是“二打一”。

（2）攻中路战术

当对方队员分边站位时，要尽可能将球攻到对方两人之间的空隙区，以造成对方争夺回击或相互让球而出现失误。这对于一些配合较差的对手，较行之有效。当对方成前后站位时，将球还击到两人之间靠边线的位置上。

（3）软硬兼施战术

软硬兼施战术先用吊网前球或推半场球迫使对方被动防守，而后大力扣杀进攻。若硬攻不下，则重吊网前球，待对方挑球欠佳时，再度强攻。此时，攻击对象最好是对方刚后退而立足未稳者。

（4）后压前封战术

当本方取得主动欲采取攻势时，站在后场者见高球则强攻杀或吊网前球，迫使对方被动还击；站在前场者则应立即积极移位，准备封网扑杀。这种战术要求打法比较积极，前半场技术要好，步法移动要快，配合要默契。

3.5　乒乓球

本节主要介绍乒乓球的竞赛规则、基本技术、基本战术。

乒乓球竞赛规则

3.5.1　竞赛规则

1. 发球

① 发球开始时，球自然地置于不持拍手的手掌上，手掌张开，保持静止。

② 发球时，发球员须用手将球几乎垂直地向上抛起，不得使球旋转，并使球在离开不执拍手的手掌之后上升不少于 16 cm，球下降到被击出前不能碰到任何物体。

③ 当球从抛起的最高点下降时，发球员方可击球，使球首先触及本方台区，然后越过或绕过球网装置，再触及接发球员的台区。双打中，球应先后触及发球员和接发球员的右半区。

④ 从发球开始，到球被击出，球要始终在台面以上和发球员的端线以外，而且不能被发球员或其双打同伴的身体或衣服的任何部分挡住。

⑤ 在运动员发球时，球与球拍接触的一瞬间，球与网柱连线形成的虚拟三角形之内和一定高度的上方不能有任何遮挡物，并且其中一名裁判员要能看清运动员的击球点。

2. 击球

对方发球或还击后，本方运动员必须击球，使球直接越过或绕过球网装置，或触及球网装置后，再触及对方台区。

3. 失分

① 未能合法发球。

② 未能合法还击。

③ 击球后，该球没有触及对方台区而越过对方端线。

④ 阻挡。

⑤ 连击。

⑥ 用不符合规则条款的拍面击球。

⑦ 运动员或运动员穿戴的任何物件使球台移动。

⑧ 运动员或运动员穿戴的任何物件触及球网装置。

⑨ 不执拍手触及比赛台面。

⑩ 双打运动员击球次序错误。

4. 次序和方位

① 在获得2分后，接发球方变为发球方，以此类推，直至双方比分为10平（或采用轮换发球法时），发球和接发球次序不变，但每人只轮发 1 分球，直到该局比赛结束。

② 在双打中，每次换发球时，前面的接发球员应成为发球员，前面的发球员的同伴应成为接发球员。

③ 在一局比赛中首先发球的一方，在该场比赛的下一局中应首先接发球，在双打比赛的决胜局中，当一方先得5分后，接发球一方必须交换接发球次序。

④ 一局中，在某一方位比赛的一方，在该场比赛的下一局应换到另一方位。在决胜局中，一方先得5分时，双方应交换方位。

5. 间歇

① 在局与局之间，有不超过1 min的休息。

② 在一场比赛中，双方各有一次不超过1 min的暂停。

③ 每局比赛中，每得 6 分球后，或决胜局交换方位时，运动员有短暂的时间擦汗。

6. 竞赛方法

在已经举办的各届奥运会乒乓球比赛中，竞赛方法虽不完全相同，但主要是采用分组预选和单淘汰加附加赛或排名淘汰赛加附加赛的方式。

3.5.2 基本技术

1. 握拍

当前世界上流行的握拍法有直拍握法和横拍握法两种。

（1）直拍握法

直拍握法正反手都用球拍的同一拍面击球，一般情况下不需要两面转换，出手较快；正手攻球快速有力，攻斜线、直线球时拍形变化不大，对手不易判断，便于从速度、球路和力量上取得主动；手腕动作灵活，发球可做较多变化；但反手攻球时，因受身体阻碍较难掌握，不易起重板；攻削交替时手法变化大，影响击球速度和准确性；防守时照顾面积较小。

基本握法如图 3-68 所示，用拇指和食指握住球拍拍柄与拍面的结合部位。拍柄右侧贴在食指的第三关节内侧。食指的第二关节压住球拍的右肩，其第一关节自然向内弯曲，拇指的第一关节压住球拍的左肩，其他三指自然弯曲斜形重叠，以中指第一关节贴于球拍的1/3 上端。

图 3-68 直拍握法

（2）横拍握法

横拍握法照顾面比直拍大，攻球和削球时握拍的手法变化不大；反手攻球不受身体阻碍，便于发力；削球时用力方便，易于发挥手臂的力量和掌握旋转变化。但在还击左右两面来球时，需变换击球拍面；攻斜线、直线球时调节拍形的幅度大、动作明显，易被对方识破；台内正手攻球也较难掌握。

基本握法如图 3-69 所示，以中指、无名指、小指自然地握住拍柄，拇指在球拍正面轻贴在中指旁边，食指自然伸直斜于球拍的背面，虎口轻微贴拍。

图 3-69 横拍握法

在准备击球或将球击出后，握拍都不宜过紧或过松。过紧会使手腕僵硬，影响球的飞行弧线；过松会因拍面不稳，影响发力和击球的准确性。

2. 基本站位

乒乓球运动员的基本站位应根据不同类型的打法、个人技术特点和身体特点确定。基本站位的一般形式如下（以右手持拍为例）。

① 左推右攻打法的运动员，其站位在近台偏左，距球台 30～40 cm。

② 两面攻打法的运动员，基本站位也在近台中间偏左，距球台 40～50 cm。

③ 弧圈球打法的运动员，基本站位在中台偏左，距球台约 50 cm。两面拉弧圈球的运动员，其站位在中间略偏左。

④ 横板攻削结合打法的运动员，基本站位在中台附近；削球打法的运动员，基本站位则在中远台附近。

3. 基本姿势

击球前身体的基本姿势如图 3-70 所示：①两脚平行站立，距离比肩略宽，保持身体平稳，重心置于两脚之间；②两脚稍微提踵，前掌内侧着地，两膝微屈内扣，上体含胸略前倾；③右手握拍于腹前，手臂自然弯曲，持拍手腕放松，左手协调平衡；④下颌稍向下收，两眼注视来球；形如箭在弦上，视球以外无物。

图 3-70　基本姿势

关键是要做到重心低，起动快。两脚略比肩宽和屈膝内扣是为了保持身体重心的稳定性；脚掌内侧着地和稍微提踵是为了保证快速起动。横握球拍时肘部向下，前臂自然平举即可，其余与直握拍相同。

4．基本步法

乒乓球运动常用的基本步法有单步、跨步、跳步、并步、交叉步等。

（1）单步

以一只脚为轴心，另一只脚向前或向后、左、右移动一步，身体重心随之落到移动脚上，挥拍击球。单步的特点是移动简单，范围小，身体重心平稳，适用于球离身体较近时的情况。

（2）跨步

以来球方向的异侧脚蹬地，同侧脚向来球方向跨出一大步，身体重心随即移到同侧脚，异侧脚迅速跟上。跨步的特点是移动范围比单步大，适用于球离身体较远时的情况；移动速度快，多用于借力回击。

（3）跳步

以来球方向的异侧脚蹬地为主，两只脚发力的同时离地，异侧脚先落地，另一只脚随即着地即挥拍击球。跳移过程中，身体重心起伏不宜过大，落地要稳。跳步的特点是移动范围比单步和跨步大，移动速度快，适用于来球离身体较远、较急时的情况。

（4）并步

来球方向的异侧脚向同侧脚并一步，然后同侧脚再向来球方向迈一步，挥拍击球。并步的特点是移动时脚步不腾空，身体重心平稳，移动范围不如跳步大。

（5）交叉步

来球方向的同侧脚发力，异侧脚迅速从体前做平行交叉横跨一大步，同侧脚迅速跟上落地还原，挥拍击球。交叉步的特点是移动范围比其他步法大，适用于来球距身体较远时主动发力进攻的情况。

5. 发球

乒乓球比赛中的发球技术将直接影响到得分和失分，发球是力争主动、先发制人的第一个环节。现介绍几种常用的发球技术。

（1）平击发球

平击发球速度慢，力量轻，几乎不带旋转，易掌握，是初学者的入门技术，也是掌握其他发球技术的基础。它分为正手平击发球和反手平击发球两种。

正、反手平击发球时，站位近台，抛球的同时，向右（左）侧后方引拍。当球下降至稍高于网时，上臂带动前臂向前平行挥动，拍形稍前倾，或接近垂直，击球的中上部。击球后，手臂继续向左（右）前上方顺势挥动，并迅速还原。

（2）正手发转和不转的球

正手发转和不转的球是用相似的动作迷惑对方，发出旋转差异较大的球，往往能够取得主动。它是中国队 1959 年发明的一种发球技术。其准备姿势与正手平击发球相似。发转球时，拍面后仰，用球拍下半部靠左的一侧摩擦球的底部。发不转球时，拍面的后仰角度小一些，用球拍上半部偏右的一侧碰击球的中下部。

（3）发短球

发短球指发至对方距球网约 40 cm 范围内的球，且第二跳不出台，具有动作小、出手快、落点短的特点。正反手均可发短球。

在抛球时，向身体右后方引拍，手腕放松。当球从高点下降至稍高于网时，前臂向前下方稍用力，拍面后仰，击球瞬间主要以手腕发力为主，触球的中上部并向底部摩擦。

（4）正手发左侧上、下旋球

正手发左侧上、下旋球指用近似的发球方法发出两种旋转方向完全不同的球，这种发球方法极易迷惑对方，具有较大的威胁性，是极常用的发球技术。所发出的球均具有较强烈的左侧旋。

右脚在后，抛球时，持拍手向右上方引拍，手腕略向外展，如图 3-71 所示。当球下落时，手臂迅速向左下方挥动，在与网同高时触球，触球瞬间手腕快速向左上方挥动，使球拍从球的中部略偏下向左上方摩擦。发左侧下旋球时，手腕快速向左下方转动，使球拍从球的中下部向左下方摩擦。

（5）侧身正、反手发高抛球

将球高抛至 2～3 m，下降的球会获得加速度，从而增加了球与拍的合力，增强了发球的旋转，如图 3-72 所示；而且高抛球下落时间长，改变了击球节奏，可影响对手的注意力和心理状态，从而增大了发球的威胁性。

图 3-71　正手发左侧上、下旋球

图 3-72　侧身正、反手发高抛球

6. 接发球

接发球的基本方法由点、拨、带、拉、攻、推、搓、削、摆短等技术组成。运用这些方法接发球时，存在着一般的规律，即用某单一接发球方法可以接稳对方某种性能的发球。下面介绍一般接发球的规律和最基本的接发球方法。

（1）接上旋球

一般采用推、拨、攻、拉等技术接上旋球。

（2）接下旋球

发过来的球速度较慢，触拍后向下反弹，用搓球接下旋球时，注意拍面后仰以增加向前上方的发力。用拉攻或弧圈球接下旋球时，一定要增加向上提拉的力量。

（3）接左侧上、下旋球

接左侧上旋球一般采用推、攻为宜。回接时，拍面角度要稍前倾，拍面向左偏斜以抵消来球的左侧旋，向前下方用力要相对加大，防止球触拍时向自己右上方反弹。接左侧下旋球一般采用搓、削为宜。回接时，拍面角度要稍后仰，拍面所朝方向向左偏斜以抵消来球的左侧旋，稍向上用力，防止球触拍时向自己左下方反弹。

（4）接旋转不明发球

当发球旋转判断不明时，站位应稍远，运用慢搓，在球下降中期时接，这样有利于增加判断时间，降低来球旋转强度和赢得接球的技术选择时间，如图 3-73 所示。

图 3-73　接旋转不明发球

（5）接短球

由于对方发来的球是台内近网短球，回接时要注意及时上前，以获得最适合的击球位置。同时要控制好身体的前冲力量。接发球后要迅速还原，准备下一拍来球。无论采用搓、削、挑、带哪一种方法回接短球，都应特别注意，来球是在台内，台面会影响引拍，因此要充分依靠前臂和手腕发力，同时要根据来球的旋转性能调节拍面角度、击球部位、击球时间和用力方向。

7. 推挡

推挡，顾名思义，具有推和挡的两种功能：“挡”着重防守，强调借力，如在接重板或速度较快的球时，多采用“挡”，其主要有平挡、减力挡、侧挡等技术；“推”力主进攻，强调主动加力，加快球速，主要技术有快推、加力推、推挤、下旋推挡等。这里着重介绍平挡、快推和加力推 3 种技术。

推挡

（1）平挡（挡球）

两脚平行站位，身体靠近球台。击球前，上臂贴近身体，前臂约与台面平行，球拍置于腹前，略高于台面呈半横状，拍面近乎垂直。击球时，调整好拍形，在来球上升前期触球中部或中上部，借来球的反弹力将球挡回。平挡具有速度慢、发力均匀柔和、力量小等特点。

（2）快推

近台中偏左站位，右脚稍前，上臂和肘关节靠近右侧身旁。拍面垂直，当球弹起至上升前或中期时，拍面略前倾，大臂带动前臂向前或前上方加速推出，击球中上部。

（3）加力推

加力推动作较大，回球力量重，球速快，主要用于对付反手位速度较慢、反弹偏高的球。当来球弹至上升后期或高点期时，拍面前倾，大臂带动前臂，前臂带动手腕向前或前下方加速发力推出，击球中上部或上中部。加力推时，可以配合髋、腰及身体前移共同发力。

8. 攻球

攻球可分为正手攻球和反手攻球两种。每种又可包括许多不同的攻球方法。下面主要介绍几种常用的攻球技术。

（1）正手快攻

正手快攻具有站位近、动作小、速度快、攻击性强的特点。左脚稍前，身体离球台 40～50 cm，呈基本姿势站立。以前臂为主引拍至身体右侧方。球拍呈半横状。击球时，在上臂带动下前臂和手腕由右侧方向左前上方挥动，拇指压拍，食指放松，拍面稍前倾，在来球弹起上升期，击球的中上部。击球后，手臂随势向前挥摆，迅速还原成击球前的准备姿势。

（2）正手台内攻

正手台内攻具有站位近、动作小、速度快、突然性强等特点，站位近台，右方大角度来球时右脚上步，中间或偏左方向来球时左脚上步。上步同时上臂和肘部前移，前臂伸进台内迎球。当来球跳至高点期，下旋强时，拍面稍后仰，前臂和手腕向前上方发力，击球的中下部；下旋弱时，拍面接近垂直，前臂和手腕以向前发力为主击球的中部；上旋球时，拍面稍前倾，前臂和手腕向前发力击球的中上部。

（3）正手中远台攻

正手中远台攻具有站位远、动作大、力量大的特点。左脚稍前，身体离球台 1 m 左右。持拍手臂较大幅度向右后方引拍，拍面接近垂直。击球时，右脚蹬地、向左转体的同时，上臂带动前臂由右后方加速向左前上方发力挥动，手腕边挥边转使拍形逐渐前倾，在来球弹起至下降前期，击球中部或中上部。

（4）正手扣杀

正手扣杀具有力量大、速度快、攻击性强的特点。前臂内旋使拍面稍前倾，随着身体向右转动，持拍手臂引拍于身体右后方。随着右脚蹬地，身体左转，持拍手上臂带动前臂加速向左前上方发力挥动，拍面稍前倾，在来球弹起至高点期，击球的中上部。一般击球点在胸前 50 cm 为宜。

（5）反手快攻

左脚稍后，身体离球台 40～50 cm。持拍手臂自然弯曲并外旋使拍面前倾，上臂与肘关节自然靠近身体，引拍至腹前偏左的位置。击球时，在上臂带动下前臂和手腕向右前上方挥动，同时配合外旋转腕动作，使拍面稍前倾，在来球弹起上升期，击球中上部。

（6）反手中远台攻

右脚稍前，身体离球台 0.7～1 m。身体左转的同时，持拍手的上臂和肘关节靠近身体，前臂向左下方移动，引拍至身体左侧下方，拍面稍前倾。击球时，身体右转的同时，手臂由左后向前挥动，前臂在上臂带动下，向前上方用力，并配合向外转腕，使拍面稍倾，在来球弹起下降期，击球中下部。

9. 搓球

对初学者来说，首先学反手搓球，再学正手搓球。先练习慢搓，再练习快搓。在基本熟悉以上技术之后，再练习搓转与不转的球。

（1）慢搓

慢搓的动作幅度较大，回球速度较慢，靠主动发力回击，回球有一定旋转强度。

反手搓球时，向左上方引拍，前臂以肘关节为轴，快速向前下方用力挥摆，伸手腕辅助用力，手指配合使拍面后仰，在球的下降前期切击球的中下部，如图 3-74 所示。

图 3-74　反手搓球

正手搓球时，手臂外旋使拍面后仰，前臂提起，向右上方引拍至右肩高度，如图 3-75 所示。当来球至下降前期，手臂快速向左前下方挥摆，屈手腕辅助用力，切击球的中下部。

图 3-75　正手搓球

（2）快搓

快搓的动作幅度较小，回球速度较快，能借助来球的前进力回击。它是对付削球和搓球的一种方法。

右脚稍前，身体靠近球台。来球在身体左侧时，可运用反手搓球。击球时，上臂迅速前伸，前臂跟随向前，拍形稍后仰，利用上臂前送力量，在上升期击球中下部。来球在身体右侧，可以运用正手搓球。搓球时，身体稍向右转，手臂向右前上引拍，然后前臂和手腕向前下方用力，在上升期击球的中下部。

（3）搓转球与不转球

用近似手法搓出转与不转两种性质不同的球，使对方难以判断，增加其回球难度或直接导致接球失误。图 3-76 所示为反手搓转球与不转球时击球位置的差异。

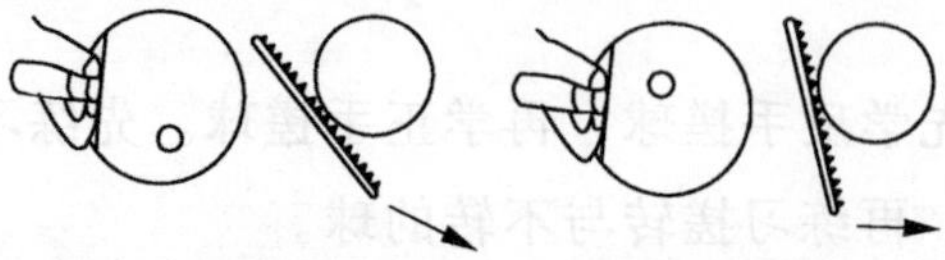

反手搓转球　　反手搓不转球

图 3-76　搓转球与不转球

搓转球与不转球的动作方法与快搓技术的动作相同。决定转与不转要看击球作用力是偏离球心还是通过球心。搓转球时，除击球速度、击球力量和拍面后仰角度要加大以外，还要在球拍切击球时切薄一些，使其作用力远离球心，形成较旋转的下旋球。而搓不转球时，减小拍面后仰角度，击球中下部并向前上推，使击球力量接近或通过球心，这样就形成相对的不转球。搓转球与不转球时，一定要在相似的动作上下功夫，如果搓不转球的动作意图很明显，则会弄巧成拙，送给对方进攻机会。

3.5.3　基本战术

1. 发球抢攻战术

发球抢攻战术是乒乓球所有打法特别是进攻型打法的主要战术和得分手段。发球抢攻战术以发球的旋转、速度、落点灵活变化为主要技术特征，常用的有以下几种。

① 发下旋转与不转球抢攻。

② 发正、反手奔球抢攻。

③ 发正、反手侧上、下旋球抢攻。

发球抢攻要注意：①发球要有线路和落点变化，以便使对方在前、后、左、右走动中接发球；②发球后要有抢攻准备，以不失抢攻的机会；③自己发什么球，对方可能以什么技术回击，这些要在发球前做到心中有数。这样，才能较好地做好抢攻的准备。

2. 接发球战术

接发球战术是发球抢攻战术的直接对立面。接发球战术一方面要抑制、扰乱或破坏对方运用发球抢攻的战术，降低发球抢攻的质量，形成相持状态；另一方面要从被动中求主动，通过过渡性接发球技术力争在第 4 板抢先上手，转入对己方有利的战局，同时抓住机会采用接发球抢攻直接得分或设法取得明显的战术优势。接发球战术是各类型打法的选手都必须掌握的战术，主要有主动法、稳健法和相持法。

3. 对攻战术

对攻战术是进攻型选手经常采用的战术。运用正手攻球、反手攻球、反手推挡等技术，攻击对方。常用的方法：①压反手，伺机正手侧身攻；②调右压左，转攻两角或追身；③连压中路，突变攻两角。

4. 推攻战术

推攻战术主要运用正手攻球和反手推挡的速度和力量，并结合落点变化和节奏变化压制和调动对方，以争取主动或得分。推攻战术是用左推右攻打法对付攻击型打法的主要战术，具有反手推挡能力的两面攻的运动员和攻削结合的运动员也时常使用它。常用的方法：①左推右攻；②推挡侧身攻；③推挡、侧身攻后，扑正手；④左推结合反手攻；⑤左推、反手攻后，侧身攻；⑥左推、反手攻、侧身攻后，扑正手。

5. 搓攻战术

搓攻战术主要运用“转、低、快、变”的搓球控制对方，以寻找战机，然后采用低突、快点或快拉等技术展开攻势并进入连续攻；在搓球中遇到机会球时进行扣杀，常常带有突然性，往往可以直接得分。搓攻战术是乒乓球各种打法都不可缺少的辅助战术。常用的方法：①正、反手搓球结合正手快拉、快点、突击或扣杀；②正、反手搓球结合反手快拉、快点、突击或扣杀。

6. 削攻战术

削攻战术是利用削球的旋转、节奏、落点变化控制对方的攻势，并为进攻创造机会，达到反击对方目的的一种战术。削攻战术是对付进攻型、弧圈型打法的重要战术，常用的方法：①削转与不转球，伺机反攻；②削长、短球反攻；③削逼两角，伺机反攻；④逢直变斜，逢斜变直，伺机反攻。

3.6　网球

本章简要介绍网球的竞赛规则、基本动作、基本战术。

3.6.1　竞赛规则

网球比赛参赛选手数量要求：男、女单打各 64 名，男、女双打各 32 对。为了避免高水平球员的过早相遇，按照世界排名，单打前 16 位和双打前 8 位的球员及组合被列为种子选手，抽签时提前分开，同时来自同一国家或地区的选手也要分到不同的半区。

比赛采取单淘汰赛制，每轮只有获胜者才能进入下一轮比赛。除了男子单打决赛采用五盘三胜制，其他所有比赛均采用三盘两胜制。此外，在男子单打的第五盘及其他比赛的第三盘，即决胜盘的比赛中，球员只有净胜两局才能赢得该盘比赛（长盘制），其他每盘比赛都采用平局决胜制（抢七局）。

3.6.2 基本技术

1. 握拍

目前，网球基本的握拍法可分为3种：东方式握拍法、西方式握拍法、大陆式握拍法。

（1）东方式握拍法

东方式握拍法分为正手握拍法和反手握拍法。

① 正手握拍法。握拍手的虎口对正拍柄右上侧棱，手掌根与拍柄右上斜面紧贴，拇指垫握住拍柄的左垂直面，食指稍离中指，食指下关节压住拍柄右垂直面，五指紧握拍柄，如图3-77所示。这种握拍法拍面与地面垂直，手握拍柄好像与人握手一样，所以也称握手式握拍法。

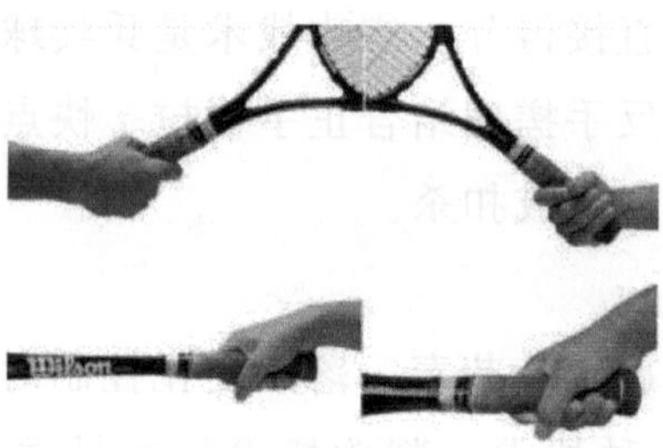

图3-77 东方式握拍法

② 反手握拍法。在正手握拍法的基础上把手向左转动1/4（即转动90°）或拍柄向右转动1/4（即转动90°），虎口对正拍柄左侧棱面。即用手掌根压住拍柄的左上斜面，拇指直贴在拍柄的左垂直面上，食指下关节压住右上斜面。

（2）西方式握拍法

握拍时，球拍面与地面平行，拇指与食指几乎成直角，拇指直伸压住拍上平面，食指下关节握住右上斜面，与拍底平面对齐，手掌从上面握住拍柄，如图3-78所示。这是底线上旋攻击型打法的首选握拍方法。这种握拍法的优点是能击出强有力的上旋球，且稳定性强。但是其技术难度相对较大，初学者较难掌握。

（3）大陆式握拍法

大陆式握拍法的形状像握着锤子的样子，因此又称为握锤式握拍法，如图3-79

所示。由拇指与食指形成的“V”字形虎口放在拍柄的上平面与左上斜面的交界线上，手掌根部贴住上平面，与拍柄底部平齐，大拇指与食指不分开，食指与其余 3 个手指稍分开，食指下关节紧贴在右上斜面上。这种握拍法的优点是正、反手击球时都不需要转换握拍，简单灵活。但是底线击球时不容易发力，因此是底线的攻击性打法所不适宜采用的握拍方法。

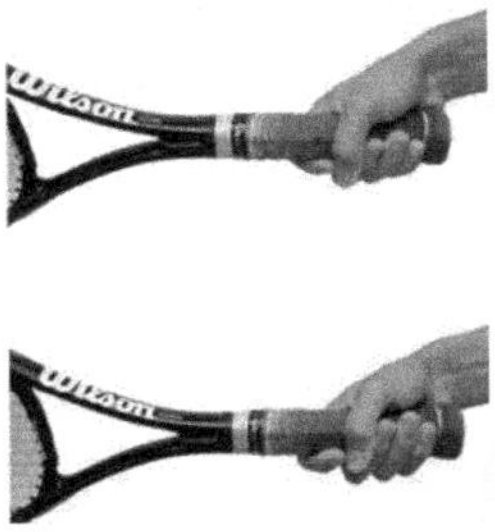

图 3-78 西方式握拍法

图 3-79 大陆式握拍法

2. 基本步法

网球击球时，其脚步主要采用“关闭式”和“开放式”两种方法。

（1）“关闭式”步法

左脚向来球的方向迈出一步，两脚的假想连线与来球的方向平行，如图 3-80 所示。这种步法在底线正反手击球和网前截击中被大量运用。初学者应首先学习这种步法。

（2）“开放式”步法

击球时，两脚平行站立，以前脚掌为轴，转胯转体形成击球步法，如图 3-81 所示。运动员通常在有一定技术基础的前提下运用这种步法。

图 3-80 “关闭式”步法

图 3-81 “开放式”步法

3. 发球

发球动作由准备姿势和站位、抛球与后摆动作、挥拍击球和随挥动作 4 个技术环节组成。下面介绍几种常见的发球方法。

网球发球

（1）平击发球

平击发球的击球点应在身体的右前上方，击球的后上部，挥拍时“鞭击”动作发力要集中，充分向上伸展身体以获得最高的击球点，提高命中率，如图 3-82 所示。平击发球几乎没有旋转，球差不多笔直地落下，力量大，往往贴着网才能进入场内，在绝大多数场地上球反弹较低，一般用于第一发球，发球成功时有时能直接得分，但平击发球失误率较高。

图 3-82　平击发球

（2）切削发球

切削发球实用且易掌握，适宜初学者学习。它是一种以右侧旋转（稍带上旋）为主的发球法，球抛在右侧前上方，球拍击球部位在球的右侧偏上方，整个挥拍动作是从右侧上方至左下方，使球产生右侧旋转。球的飞行路线是一条从右向左的弧线，可以提高命中率并把对方拉出场外回击，尤其在右区发球。切削发球的准确率高，常用于第二发球。

（3）上旋发球

上旋发球时，抛出球的位置在头后偏左的头上方；拍面的触球点在球的中部偏下方，如图 3-83 所示；击球时身体成弓形，利用杠杆力量对球施加旋转，球拍快速从左向右上方挥动，并从下向上擦击球的背面，使球产生右侧上旋。球的过网点较高，落地急速，球落地后反弹很高。上旋发球难度较大。

图 3-83 上旋发球

4. 接发球

接发球在态势上是被动的，受发球方的制约，并且发球在瞬间千变万化，多数发球都指向接球方软弱的地方，因此，接发球技术是最难掌握的技术之一。

温馨提示

接发球的指导思想：摆脱被动，力争主动，敢于迎接强有力的发球挑战。

接发球的站位，一般位于端线附近，力求在接发球时向前移动击球。同时，保持两脚平行站位，比肩略宽，右手持拍者一般右脚稍前，两膝微屈，上体稍前倾，脚跟提起，将球拍置于体前。

在接发球的全过程中眼睛要始终注视来球，一直到完成还击动作。要观察对手的抛球，这样有利于判断发球的方向和旋转。对方第一次发球时多采用大力发球，站位应偏后一些；如果对方是第二次发球，站位可略向前移，这样有利于采取攻击性的还击。

接大力发球时不要做大幅度的后摆动作，主要是控制好拍面角度，并握紧球拍，以免拍面被震转动。还击来球之前要观察对方的行动，对自己的回球路线和落点要有所考虑。选择好接发球落点，对控制对手发球后抢攻有重要意义。

5. 底线正手击球

（1）正手平击球

后摆引拍时，手腕稍上翘使拍头高于手腕，并引拍至头部高度，如图 3-84 所示。挥拍时手腕相对固定握拍，以减少拍面挥动过程中的变化。击球时拍面与地面保持垂直并以同样拍面继续前挥。击球后，球拍向前挥动于左肩上方自然收拍。正手平击球简单易学，适合初学者使用。

图 3-84　正手平击球

（2）正手上旋击球

正手上旋击球是从网球的后下方向前上方挥拍，整个球体受摩擦，产生一种从后下方朝前上方的旋转，如图 3-85 所示。其特点是飞行弧线高，落地迅速，落地后弹起的反射角度较小，产生较大的前冲力。正手上旋击球适合有一定技术基础、能发力击球的人使用。

图 3-85　正手上旋击球

（3）正手削球

正手削球指以底线正手切削方法击出下旋球的技术动作。后摆引拍时，直线将球拍引至身体后侧，动作较小，如图 3-86 所示。挥拍时手腕固定握拍，使拍面斜向地面稳定前挥。击球时用斜向地面的拍面以切削动作在身体侧前方击球。击球后球拍随球前送，并在身体前方以左手扶拍结束动作。

图 3-86　正手削球

6. 底线反手击球

（1）反手平击球

反手平击球的特点是球速快，球的飞行路线比较平直，球落地后的前冲力量大。其动作方法：后摆引拍时右脚向左侧前方跨出并用力踏地，屈膝降低重心。击球时手腕绷紧，使球拍与地面垂直。然后，从后向前上方比较平缓地挥拍击球，同时左臂自然展开留在身后，保持身体的平衡。击球后，球拍应随着惯性挥至右肩上方，持拍手臂挥直。

（2）反手下旋球

反手下旋球又称为反手削球，一般是防御性的。削球时挥拍不要过于用力，击球后拍面向上做托盘状运动，如图 3-87 所示。击球后，不要急于把球拍提拉起来，应该让球拍平稳向前运动一段距离。反手下旋球的好处是击出的球向下旋转，飘向对方场区后回弹高度较低，落地后还可向前滑行。这种击球方法较为简单易学，且比较安全，适合于初学者使用。

图 3-87　反手下旋球

（3）双手反手击球

双手反手击球由于双手握拍，拍面容易稳定，初学者易于学习和掌握。双手反手击球的准备姿势与单手反手击球相同，左手在转肩引拍的同时，顺着拍柄下滑至双手相接，形成双手反手握拍，引拍尽量向后，转动上体，使右肩前探侧身对网，手腕固定球拍稍稍低于击球点，右脚向左前方跨一步，重心落在左脚上，球拍由低到高向前挥出，击球点同腰高，比单手反手击球点略靠后，重心前移，随上体移动将球拍充分挥向右前上方，拍头朝上，如图 3-88 所示，然后迅速回到准备姿势。

图 3-88　双手反手击球

7. 截击球

截击球指凌空击对方来球的技术动作，即球在落地之前将来球击回对方场区，可以在网前截击，也可以在场内任何地方截击空中球。截击球以网前截击为主。截击球的特点是缩短击球距离，扩大击球的角度，加快回球速度，在网球比赛中成为一种主要打法和进攻手段。

（1）正手截击球

后摆引拍时，右脚立即向右前方跨出，同时转肩，带动球拍向后引，拍头要高于握拍手，绷紧手腕，握紧球拍，如图 3-89 所示。截击球的动作有点像挡击或撞击，在拍面短促向前撞击的同时微微向下做切削球的动作，击球时保持拍头上翘，拍面稍向后仰。击球后有一个小幅度向前的随挥动作，随挥过程仍紧握拍。

图 3-89　正手截击球

（2）反手截击球

对大多数人来说，反手截击球比正手截击球更容易，因为它更符合人体解剖学肌肉用力的结构特点。其技术要点如图 3-90 所示，后摆引拍时，右脚立即向左前方跨出，左手扶拍手向后拉拍，同时转肩，做短距离后摆引拍动作，拍头高于握拍手，眼睛注视来球。挥拍击球时，左手松开稍后伸，右手握紧球拍前挥并在身体前方切削来球。向前挥拍时，两只手的动作好像在拉长一根橡皮筋，以保持身体平衡。

图 3-90　反手截击球

3.6.3　基本战术

1. 单打战术

（1）变换发球的位置

球员可以通过改变发球的位置获取得分机会，因为这种战术迫使对手必须从不同角度判断不同旋转的球，回球的难度比较大，容易失分。

（2）发球上网战术

发球上网是利用发球的力量进行主动进攻，先发制人，然后上网抢攻的一项主要战术。它是上网型选手在比赛中的主要得分手段。

（3）接发球破网战术

接发球破网战术是在对付发球后直接冲到网前的对手时挑出有深度的高球，是相当有效的破网方法。

（4）攻击对方反手

由于绝大部分球员的反手是比较弱的，因此采用攻击对方反手战术，加大力量攻击对方反手，迫使对方逐步离开场区的位置，即可掌握比赛主动权。

（5）不上网战术

不上网战术指发球或接发球之后，如果自己不上网，应该把对方也控制在端线后面，使对手也难以找到得分的机会。在一次较长的端线来回球中，谁耐不住性子，谁就有可能因失误而失分。

2. 双打战术

（1）发球上网抢网战术

在双打比赛中运用发球上网抢网战术时，首先强调队友之间的默契，网前队员在背后做手势，告诉发球员应发什么落点，抢与不抢；采取此战术可以干扰对方接发球，为发上网前得分及抢网得分创造条件。其次强调发球员的发球质量、成功率和落点的变化。

（2）澳大利亚网前战术

澳大利亚网前战术的特别之处是发球方的一名队员以低姿势在网前的中央准备截击。这样能给接发方造成很大的压力，破坏对方接发球的节奏，为发球上网截击和抢网创造有利条件。运用这一战术时，要求队友间沟通好发球落点和抢与不抢，另外第一发球成功率要高，这样才能有良好的战术效果。

第四章

武术运动

武术运动有着悠久的历史，内容博大精深，涵盖项目颇多，各年龄段的人都可以找到适合自己的武术项目。

要点提炼：

1. 武术的基本动作。
2. 形神拳的基本技术。
3. 跆拳道的基本动作与技巧。

4.1 武术概要

本节主要介绍武术运动的分类、基本功和基本动作。

4.1.1 分类

我国武术运动根深叶茂，流派众多。战国时代的《司马法》中记有“长兵”“短兵”的分法。戚继光在《纪效新书》中介绍拳技时则使用了打、踢、跌、拿 4 种技法的概念。清初黄宗宪又提出了内家拳、外家拳的分类概念。此外，民间还流传着“南拳”“北腿”的说法。

1. 按运动形式分类

（1）功法运动

功法运动是以单个武术动作为主体进行练习，以达到增强专项体能或健体目的。其包括内功（内养功）、外功（外壮功）、轻功（弹跳）、硬功（击打和抗击打）等，既是套路运动和搏斗运动的基础，又是极好的锻炼方法。例如，习浑元桩可以调心、调身、调息，站马步桩可以增强腿力等。

（2）套路运动

套路运动指以踢、打、摔、拿、击、刺等技击动作为主要内容，根据攻守进退、动静疾徐、刚柔虚实等矛盾运动的变化规律编成的整套练习形式。按练习形式可将其分为单练、对练、集体表演3种类型。

① 单练指单人练习的套路运动，包括徒手拳术与器械。徒手拳术种类众多，有长拳、南拳、太极拳、形意拳、八卦拳、通背拳、劈挂拳等。器械又可分为短器械、长器械、双器械和软器械4种。短器械主要有刀、剑等；长器械主要有棍、枪等；双器械主要有双刀、双剑、双钩、双枪、双鞭等；软器械主要有三节棍、九节鞭、流星锤等。

② 对练是由两人或两人以上，在预定条件下进行的假设性攻防练习套路，包括徒手对练、器械对练、徒手与器械对练等。

③ 集体演练指6人或6人以上徒手或持器械同时进行练习的演练形式，有一定的集体造型和队形变化，可有音乐伴奏。

（3）搏斗运动

搏斗运动，是两人在一定条件下，按照一定的规则，运用相应的攻防技法，斗智、斗勇、较技、较力的对抗性练习形式，如散打、推手、短兵等。

2. 按依附地域分类

传统的武术流派往往是依托不同的山川名胜而自然形成的，并传承至今，如少林派（嵩山）、武当派、峨眉派、青城派、华山派、崆峒派、天山派等。

3. 按二分法分类

按技术、技击风格的不同，兴盛地域的差异等，民间多以二分法，通过比较对武术进行分类，如南拳与北腿、长拳与短打、内家拳与外家拳等。

4.1.2 基本功

练习武术的基本功能有效地提高关节的伸展性和灵活性，增强韧带的柔韧性和肌肉的力量，它既是武术入门不可或缺的基础功夫，又是提高体能和武术技能的必要手段。

武术的基本功按人体的身体部位可划分为肩臂功、腿功、腰功和桩功。

1. 肩臂功

肩臂功，主要是加大肩关节的活动范围并增进其韧带的柔韧性，发展肩臂部肌肉力量，提高上肢运动的伸展、敏捷、松长、转环等能力。

练习方法主要有压肩、吊肩、转肩、绕肩等。

（1）压肩

开步（两脚平行，左右站立）站立，与肩同宽或稍宽，上体前俯，手握肋木，下振压肩，如图 4-1 所示。也可两人面对面站立，互相扶按肩部，做体前屈振动压肩动作。

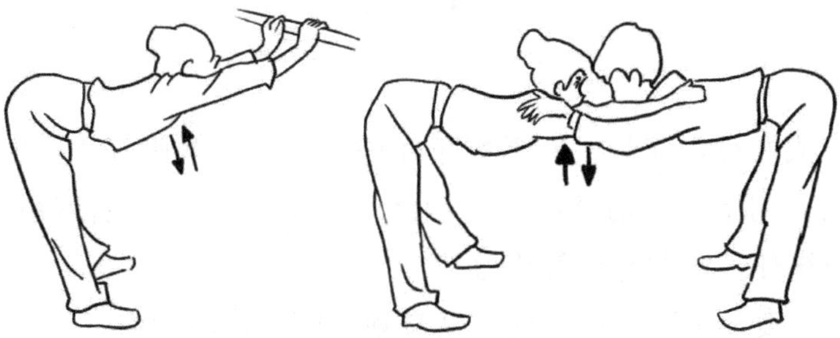

图 4-1　压肩

动作要点：挺胸、塌腰、收髋，两臂、两腿伸直；振幅逐步加大，压点集中于肩部。

（2）吊肩

并步（两脚内侧相靠）站立，背对肋木，两手反臂抓握，然后下蹲，两臂拉直或悬空吊起，如图 4-2 所示。

动作要点：两臂伸直，肩部放松。

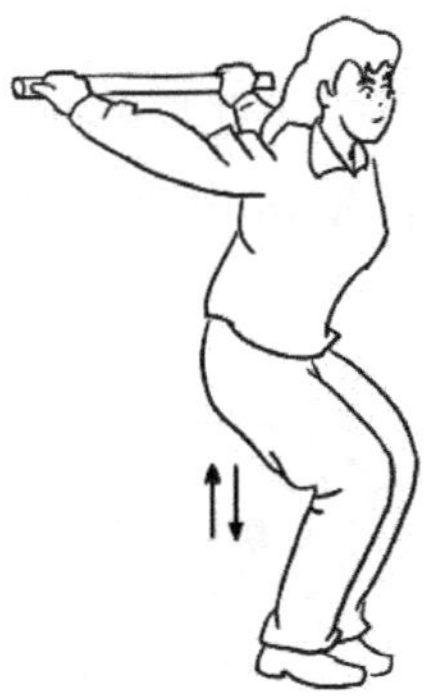

图 4-2　吊肩

（3）转肩

开步站立，两手正握棍于体前，如图 4-3 所示。以肩关节为轴，两臂伸直上举经头顶绕至体后，再从体后向上绕至体前。

动作要点：两臂始终伸直；两手握棍距离应由宽到窄，一般与肩同宽。

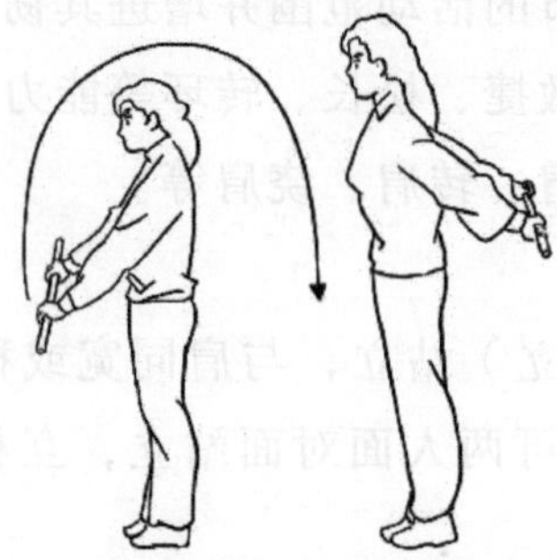

图 4-3　转肩

（4）绕肩

单臂绕环，成左弓步姿势，左手按于左膝上（也可两脚开立，左手叉腰），右臂上举，由上向后、向下、向前环绕，为后绕环（见图 4-4）；右臂由上向前、向下、向后环绕，为前绕环。左右臂交替练习。

动作要点：臂要伸直，肩应放松，贴身划立圆，逐渐加速。

图 4-4　绕肩

双臂绕环，两脚开立，与肩同宽。3 种形式如下。

① 前后绕环：两臂垂于体侧，依次由下向前、向上、向后绕环，如图 4-5 所示。数次后，再做反方向的绕环。

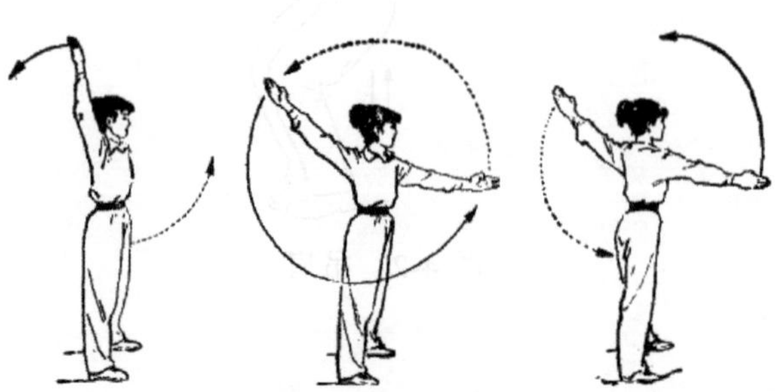

图 4-5　前后绕环

② 左右绕环：左右两臂同时向右、向上、向左、向下绕环，如图 4-6 所示。数次后，再做反方向绕环。

③ 交叉绕环：两臂直臂上举，左臂前绕环，同时右臂后绕环，如图 4-7 所示。数次后，再做反方向绕环。

动作要点：松肩、探臂，划立圆绕环。

图 4-6　左右绕环

图 4-7　交叉绕环

2. 腿功

腿功主要是拉长腿部的肌肉和韧带，加大髋关节和膝关节的活动范围，增强腿部的柔韧性、灵活性、协调性和力量等。练习方法主要有压腿、搬腿、劈腿等。

（1）压腿

① 正压腿。右腿直立支撑，将左脚跟放在与髋同高或稍高的肋木上，脚尖勾紧，两手扶按在膝关节上（或双手抱脚），立腰、收髋、挺膝，上体前屈，向前、向下做压振动作，如图 4-8 所示。左右腿交替练习。

动作要点：逐渐加大振幅，先以前额、鼻尖触及脚尖，然后过渡到下颏触及脚尖，以提高腿的柔韧性。

图 4-8　正压腿

② 侧压腿。身体侧对肋木，右腿伸直支撑，脚尖外展，如图 4-9 所示。左脚跟放在肋木上，脚尖勾紧，右臂上举，左掌附于右胸前，立腰、展髋，上体向左侧压振。左右腿交替练习。

动作要点：逐步加大振幅，直到右手握左脚掌、上体侧卧在左腿上。

③ 后压腿。背对肋木，右腿支撑，左脚背放在肋木上，脚面绷直，上体后仰做压振动作，如图 4-10 所示。左右腿交替练习。

动作要点：挺胸、展髋、腰后屈。

图 4-9　侧压腿

图 4-10　后压腿

④ 仆步压腿。右腿屈膝全蹲，左腿挺膝伸直，脚尖里扣。两脚全脚掌着地，两手分别抓握两脚外侧，成仆步向下压振，如图 4-11 所示。左右腿交替练习。

动作要点：挺胸、塌腰、沉髋，左右移动不宜过快，臀部尽量贴近地面。

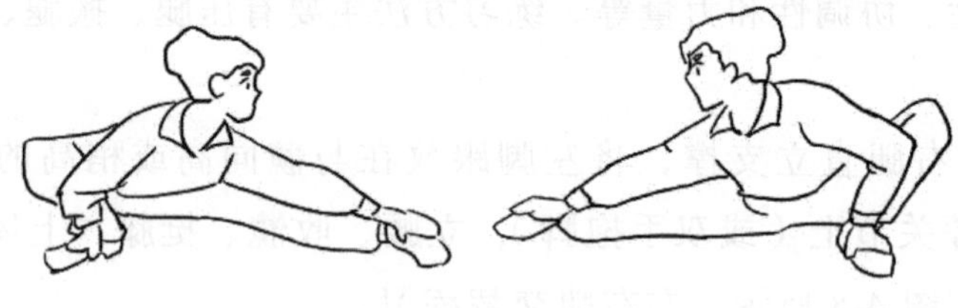

图 4-11　仆步压腿

（2）搬腿

① 正搬腿。右腿直立与上体保持正直，左腿屈膝提起，右手托握左脚外侧，左手抱膝，如图 4-12 所示。然后，左腿挺膝向前上方举起，脚尖勾紧，也可由同伴托住脚跟上搬。左右腿交替练习。

动作要点：挺胸、立腰、收髋，上搬高度应由低到高。

图 4-12　正搬腿

② 侧搬腿。左腿直立与上体保持正直，右腿屈膝提起，右手经小腿内侧托住脚跟，然后将右腿向右上方搬起，左臂上举亮掌；也可由同伴托住脚跟向侧上搬腿，如图 4-13 所示。左右腿交替练习。动作要点：挺胸、立腰，髋关节放松。

③ 后搬腿。手扶一定高度的物体或肋木，左腿支撑，由同伴托起右腿从身后向上搬举，挺膝，脚尖绷直，上体后屈，如图 4-14 所示。左右腿交替练习。

动作要点：挺胸、塌腰、髋放正、腰后屈。

图 4-13 侧搬腿

图 4-14 后搬腿

（3）劈腿

① 竖叉。两臂侧平举或扶地，两腿前后分开成一条直线。左腿后侧着地，脚尖勾起，右腿内侧或前侧着地，如图 4-15 所示。

动作要点：挺胸、立腰、沉髋、挺膝。

② 横叉。两臂侧平举或在体前扶地，两腿左右分开成一条直线，两腿内侧着地，如图 4-16 所示。

动作要点：挺胸、立腰、展髋、挺膝。

图 4-15 竖叉

图 4-16 横叉

3. 腰功

腰是贯通上下肢体的枢纽，是表现身法技巧的关键。腰功主要发展脊椎和腰部各肌肉群的柔韧性和弹性，加大腰部的活动范围。练习方法主要有俯腰、甩腰、涮腰、下腰等。

（1）俯腰

① 前俯腰。并步站立，两手手指交叉，直臂上举，掌心朝上。上体前俯，两掌

心尽量贴地，如图 4-17 所示；也可两手分别抱住两脚跟腱部位，头贴近腿部，持续一定时间后再站立，如图 4-18 所示。

动作要点：两腿挺膝伸直，挺胸、塌腰、收髋，尽力向前折体。

② 侧俯腰。基本同前俯腰，但两手手指交叉在脚外侧触地，向左或向右转体，如图 4-19 所示。

动作要点：两腿挺膝伸直，两脚不可移动，上体尽量下屈。

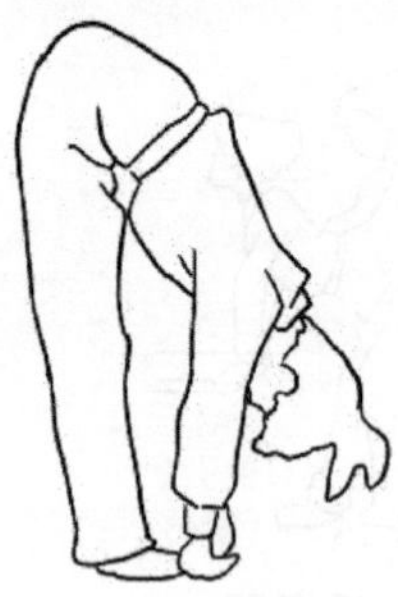
图 4-17　前俯腰 1

图 4-18　前俯腰 2

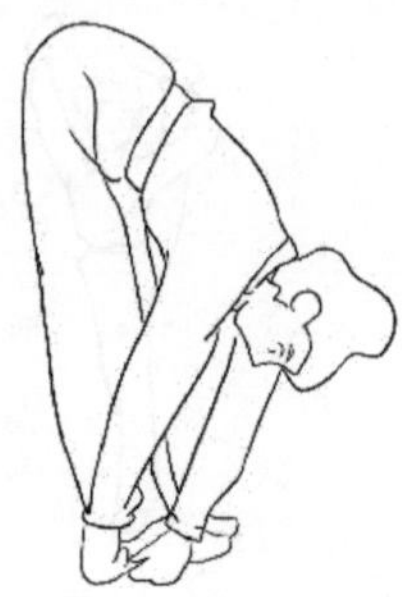
图 4-19　侧俯腰

（2）甩腰

两脚开步站立，两腿挺膝伸直，两臂上举。以腰、髋关节为轴，上体做前后屈的甩动动作，如图 4-20 所示，两臂也随之摆动。

动作要点：快速、紧凑而有弹性。

（3）涮腰

两脚开立，略宽于肩，上体前俯，两臂向左前下方伸出。然后以髋关节为轴，向前、向右、向后、向左翻转绕环一周，如图 4-21 所示。左右交替练习。

动作要点：尽量增大绕环幅度。

图 4-20　甩腰

（4）下腰

两脚开步站立，与肩同宽，两臂伸直上举。腰向后屈，抬头、挺胸、顶腰，两手撑地成桥形，如图 4-22 所示。

动作要点：挺膝、挺髋、挺胸、腰向上顶，桥弓要大；脚跟不可离地。

图 4-21 涮腰

图 4-22 下腰

4. 桩功

桩功是以静站的方式锻炼气息、修养意念、增强力量并形成动作动力定型的锻炼方法。通过桩功练习能增强并稳固下肢力量，使内劲饱满、气血畅活，达到壮内强外的效果。练习方法主要有马步桩、虚步桩、浑元桩（升降桩和开合桩）等。

4.1.3 基本动作

武术运动讲究心、神、意、气和手、眼、身、步的配合与统一，利关节、强筋骨、壮体魄、理脏腑、通经脉、调精神，使身心得到全面发展。武术的基本动作是武术各项目中基础、简单、典型、不可缺少的动作，主要包括手形、手法、步形、步法、腿法、平衡和跳跃等。

1. 手型

（1）拳

四指并拢卷握，拇指紧扣食指和中指的第二指节，如图 4-23 所示。拳眼朝上为立拳，拳心朝下为平拳。

动作要点：拳握紧，拳面平，直腕。

（2）掌

四指并拢伸直，拇指弯曲紧扣于虎口处，如图 4-24 所示。手腕伸直为直掌，掌指朝上为立掌。

动作要点：竖指并拢，掌心展开。

（3）勾

五指第一指节捏拢在一起，腕屈紧，如图 4-25 所示。

动作要点：五指指尖齐平，腕屈紧。

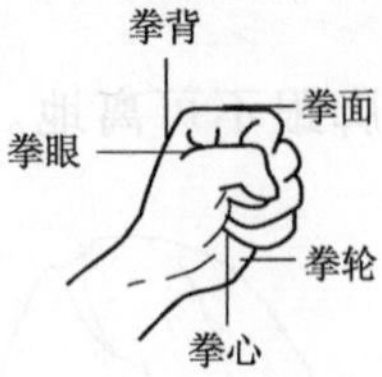

图 4-23　拳

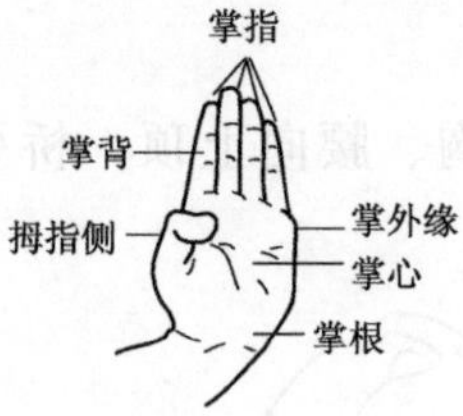

图 4-24　掌

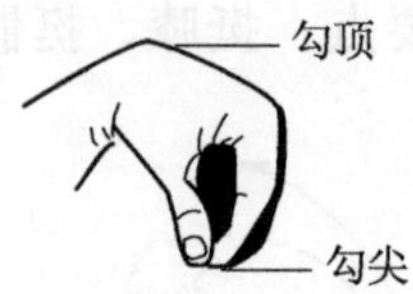

图 4-25　勾

2. 手法

（1）冲拳

预备姿势：双脚开步站立，与肩同宽；两手握拳分别抱于腰侧，拳心向上，肘尖向后，目视前方，如图 4-26（a）所示。

动作说明：右拳从腰间猛力向前冲出，肘关节过腰后，前臂内旋，力达拳面，臂伸直高与肩平，同时左肘向后牵拉，目视右拳，如图 4-26（b）所示。左右臂交替练习。

动作要点：挺胸、收腹、拧腰、顺肩，出拳应快速有力且有寸劲（即爆发力）。

（2）推掌

预备姿势和动作要点同冲拳。

动作说明：拳变掌，以掌根为力点立掌（翘掌、沉腕）推出，力达掌外沿，如图 4-27 所示。

（3）亮掌

预备姿势同冲拳。

动作说明：右拳变掌，由腰间经体侧向右、向上划弧至头部右上方，肘微屈，抖腕翻掌；同时头向左转，目视左方，如图 4-28 所示。

动作要点：挺胸、收腹、立腰，抖腕翻掌与转头要同时完成。

（a）　（b）

图 4-26　冲拳

图 4-27　推掌

图 4-28　亮掌

3. 步型

步型与步法的练习主要是增进腿部的速度和力量，提高两腿移动的灵活性和稳固性。

（1）弓步

前腿屈膝半蹲，大腿接近水平，脚尖微内扣，与膝垂直；后腿挺膝伸直，脚尖内扣斜向前（约 45° 角），如图 4-29 所示；两脚全脚掌着地，间距为本人脚长的 4～5 倍；上体正对前方，两手抱拳于腰间，平视前方。弓左腿为左弓步，弓右腿为右弓步。

动作要点：前腿弓，后腿绷；挺胸、塌腰、沉髋。

（2）马步

两脚开步站立，两脚间距约为本人脚长的 3 倍，脚尖正对前方；屈膝半蹲，大腿接近水平，膝关节不超过脚尖，如图 4-30 所示；两手抱拳于腰间，目视前方。

动作要点：挺胸、塌腰、直背，膝微内扣，脚跟外蹬。

图 4-29　弓步

图 4-30　马步

（3）虚步

两脚前后开立，后腿屈膝半蹲，大腿接近水平，脚尖外展约 45° 角，全脚掌着地；前腿微屈，脚尖前伸虚点地面，脚面崩平并稍内扣，如图 4-31 所示；重心落于后退，目视前方。左脚在前为左虚步，右脚在前为右虚步。

动作要点：挺胸、塌腰、虚实分明。

（4）仆步

两脚左右开立，间距约为本人脚长的 4 倍；一条腿屈膝全蹲，大小腿紧靠，臀部接近小腿，脚和膝稍外展，如图 4-32 所示；另一条腿挺直平仆接近地面，脚尖内扣；两脚全脚掌着地，两手抱拳于腰间，眼向仆出腿一方平视。仆左腿为左仆步，仆右腿为右仆步。

动作要点：挺胸、塌腰、沉髋。

图 4-31　虚步

图 4-32　仆步

（5）歇步

两腿交叉靠拢，屈膝全蹲，前脚全脚掌着地，脚尖外展，如图 4-33 所示；后脚脚跟离地，膝部贴近前腿外侧，臀部坐于后小腿接近脚跟处；两手抱拳于腰间，眼向前腿一方平视。左脚在前为左歇步，右脚在前为右歇步。

动作要点：挺胸、塌腰、两腿靠拢并贴紧。

（6）丁步

两腿并拢半蹲，一只脚全脚掌着地支撑（重心落于此腿），如图 4-34 所示；另一只脚脚面绷直，脚尖内扣并虚点地面，靠于支撑脚的脚弓处；两手抱拳于腰间，目视前方。左脚尖点地为左丁步，右脚尖点地为右丁步。

动作要点：挺胸、塌腰、虚实分明。

图 4-33　歇步

图 4-34　丁步

4. 步法

（1）击步

预备姿势：两脚前后开立，同肩宽，两手叉腰。

动作说明：上体略前倾，前脚蹬地前纵，后脚提起在空中向前碰击前脚跟，如图 4-35 所示；两脚依次落地，后脚先落，前脚后落；目视前方。

动作要点：腾空时，上体保持正直并侧对前方。

图 4-35　击步

（2）弧形步

预备姿势与击步的预备姿势相同。

动作说明：两腿略屈半蹲，沿弧形路线迅速连续行步，脚跟先着地并迅速过渡到全脚掌，步幅略比肩宽，目视前方，如图 4-36 所示。向左跨为左弧形步（或左环绕步），向右跨步为右弧形步（或右环绕步）。

动作要点：挺胸、塌腰；身体重心要平稳；注意转腰。

图 4-36　弧形步

5. 腿法

（1）正踢腿

预备姿势：并步站立，臂侧平举，立掌，目视前方。

动作说明：左脚向前上半步，左腿伸直支撑，右腿挺膝，脚尖勾起向前额处快速踢起，如图 4-37 所示；上体正直，目视前方。左右腿交替练习。

动作要点：收腹、挺胸、立腰；踢腿过腰后加速；踢腿时脚尖勾起绷落或勾起勾落。

（2）斜踢腿

预备姿势和动作要点同正踢腿。

动作说明：一条腿向异侧耳际踢起，如图 4-38 所示。

图 4-37　正踢腿

图 4-38　斜踢腿

（3）侧踢腿

预备姿势同正踢腿。

动作说明：右脚向前上半步，脚尖外展；左脚跟稍提起，身体略右转，左臂前伸，右臂后举，如图 4-39 所示。随即左腿挺膝，勾脚向左耳侧踢起；同时右臂上举亮掌，左臂屈肘立掌于右肩前。踢左腿为左侧踢，踢右腿为右侧踢。

动作要点：挺胸、立腰、开髋、侧身、猛收腹。

图 4-39　侧踢腿

（4）外摆腿

预备姿势同正踢腿。

动作说明：右脚上步支撑，左脚脚尖勾紧向右侧上方踢起，经面前向左侧上方摆动，而后直腿下落，还原成预备姿势，如图 4-40 所示。左掌可在左侧上方迎击左脚脚面。左右腿交替练习。

动作要点：挺胸、立腰、收腹、展髋，摆腿成扇形，幅度要大。

图 4-40　外摆腿

（5）里合腿

预备姿势同正踢腿。

动作说明：左脚向左上方踢起，经面前向右侧上方直腿摆动，如图 4-41 所示。

动作要点：挺胸、立腰、合髋，腿成扇形里合，幅度要大。

（6）弹腿

预备姿势：并步站立，两手抱拳于腰间，目视前方。

动作说明：左腿支撑，右腿屈膝提起，右脚绷直，大腿与腰平，迅速挺膝，小腿猛力向前弹击，力达脚尖，如图 4-42 所示。大腿与小腿成一条直线，高与腰平。左右腿交替练习。

动作要点：挺胸、直腰、收髋，脚面绷平，弹踢有力。

图 4-41　里合腿

图 4-42　弹腿

（7）后扫腿

成左弓步，同时两掌从腰侧向前推出，掌指朝上，如图 4-43 所示。然后，左腿屈膝全蹲，脚尖内扣，成右仆步，同时上体右转并前俯，两掌在右腿内侧撑地，随上体向右后拧转的惯性力量，以左前掌为轴，右脚贴地向后扫转一周。

动作要点：转体、俯身、撑地，扫转要连贯协调，一气呵成。

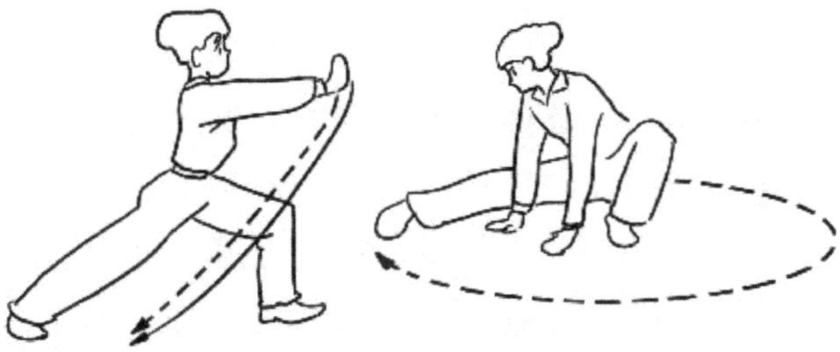

图 4-43　后扫腿

6. 平衡

平衡练习的主要作用是增加腰、髋的柔韧性和肌肉的控制力量。

（1）提膝平衡

右腿伸直支撑，左腿屈膝高提过腰，脚面绷直，垂扣于右腿前侧，如图 4-44 所示。右臂上举于头上亮掌，左手反臂后举成勾手。两眼向左平视。

动作要点：挺胸、立腰、收腹；平衡站稳，提膝近胸，脚内扣。

（2）燕式平衡

左腿支撑站稳，右腿屈膝提起，两掌在身前交叉，掌心向内，如图 4-45 所示。

然后，两掌向两侧直臂分开平举，上体前俯，略高于水平，脚面绷平向后上蹬伸，至高于头顶水平部位。

动作要点：两腿伸直，挺胸、抬头、腰后屈。

图 4-44　提膝平衡

图 4-45　燕式平衡

7. 跳跃

跳跃指蹬地跳起，身体腾空时完成各种手法、腿法等动作。它能增强腿部力量，并提高弹跳能力。

（1）腾空飞脚

预备姿势：并步站立，两臂垂于体侧，目视前方。

动作说明：上体稍后仰，右脚向前迈步，以脚跟着地，蹬地跃起（见图 4-46（a））。左腿随之向前、向上踢摆，同时，两臂向头上摆起，右掌背碰击左掌心，双眼平视前方（见图 4-46（b））。身体向上腾起，右腿挺膝向前上方弹踢，脚面绷平过腰，右掌迎击右脚面，同时左腿屈膝收控于右腿侧，脚面绷直，脚尖向下，左掌直臂摆至头部左上方，变勾手，勾尖向下，略高于肩；上体微前倾，目视右脚，如图 4-46（c）所示。左右脚依次落地，以前脚掌先着地，然后过渡到全脚，随之屈膝加以缓冲。

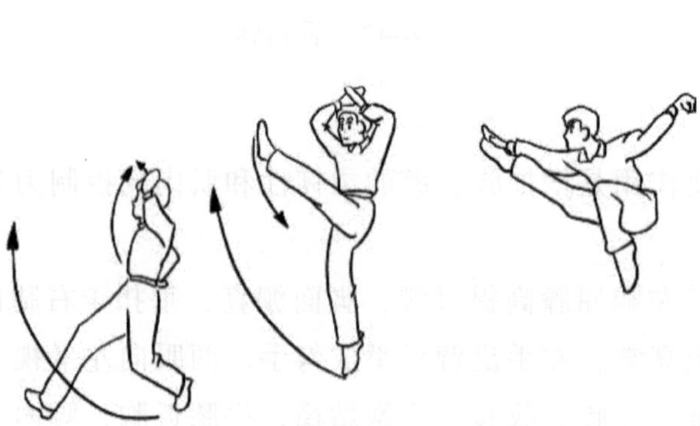

（a）　（b）　（c）

图 4-46　腾空飞脚

（2）旋风脚

预备姿势：高虚步亮掌站立。

动作说明：开步站立，两臂垂于体侧，目视前方（见图 4-47（a））。右臂向前上方弧形摆掌，掌心向斜上方；同时左臂屈肘，左掌收于左腰侧，掌心向下；上体微左转，目随右掌，如图 4-47（b）所示。右掌经体前向左、向下、向右、向头上抖腕亮掌，掌心向上，掌指朝左；同时左掌从右臂内穿出，经胸前向上，向左摆至左侧，掌指朝上，高于肩平。在右臂抖腕亮掌的同时，头部左转，两眼转视左侧，左脚收于体前，脚尖虚点地面，成高虚步，如图 4-47（c）所示。

（a）　（b）　（c）

图 4-47　高虚步亮掌站立

关键动作说明如下。

左脚左上步，同时左掌向前、向上摆起，右臂伸直向后、向下摆动，如图 4-48（a）所示。右脚随即上步，脚尖内扣，左臂随之向下摆动并屈肘收至右胸前。左臂向上、向前抡摆，上体向左旋转前俯，如图 4-48（b）所示。重心右移，右腿屈膝蹬地跳起，左腿提起向左上方摆动（见图 4-48（c））。上体向左上方翻转，身体旋转一周（不少于 270°），右腿挺膝里合，左手在面前迎击右脚掌，左腿舒展外摆自然下垂，并在击响的刹那间离地，如图 4-48（d）所示。当腾空动作较熟练后，左腿应逐步高摆，屈膝或直腿收控于身体左侧。

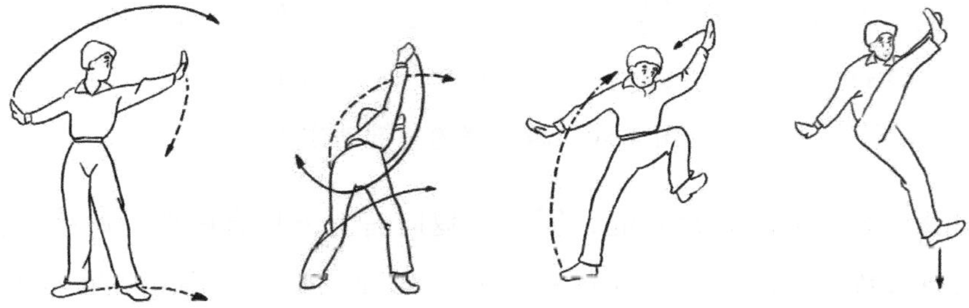

（a）　（b）　（c）　（d）

图 4-48　旋风脚关键动作

（3）腾空摆莲

预备姿势：高虚步挑掌站立。

动作说明：并步站立，右脚后撤一大步，同时右臂向前、向上挑掌，左臂后摆至体后，如图 4-49 所示。重心后移，左脚回收至身前虚点地面，成高虚步；同时右臂向上、向后、向下、向前环绕一周于身前挑掌，左臂向前、向上、向后绕环抡摆至身后，两臂与肩齐平，两掌掌指朝上；挺胸、直腰、顺肩，目视前方。

图 4-49　高虚步挑掌站立

关键动作说明如下。

左脚向前进半步，如图 4-50（a）所示，右脚随之向前进一大步，脚尖外展，屈膝微蹲。同时右掌弧形回收至腰间，左臂由后经上摆至头前上方，如图 4-50（b）所示。右腿蹬伸上跳，左脚屈膝提起收扣于身前，身体腾空。同时右臂经左臂内侧向上弧形斜上举，左臂顺势摆向身后，头部左转，右肩前顺，如图 4-50（c）所示。右脚落地，左脚随之在身前落步，右脚再进一步，脚尖外展，身体右转，同时右臂顺势下落，左臂前摆，如图 4-50（d）、（e）所示。

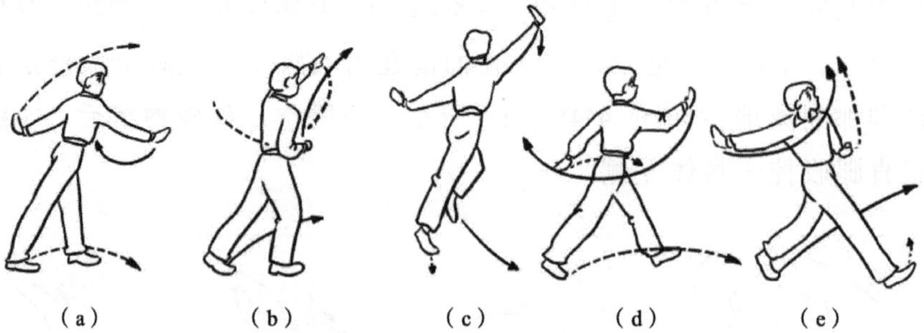

（a）　（b）　（c）　（d）　（e）

图 4-50　腾空摆莲关键动作 1

重心前移右腿，右脚蹬地跳起，同时左腿向右上方里合踢摆，两手上摆于头上击响，上体向右旋转，身体腾空，如图 4-51（a）所示。右腿上踢外摆呈扇形，两手先左后右依次拍击右脚面，左腿屈膝收控于右腿侧，上体微前倾，两眼随视两手，如图 4-51（b）所示。空中击响时，左腿充分伸直分开摆动控于体侧，如图 4-51（c）所示。

（a）　　（b）　　（c）

图 4-51　腾空摆莲关键动作 2

4.2　形神拳

本节主要介绍形神拳的特点以及基本动作。

4.2.1　特点

形神拳属于长拳套路，其特点是动作舒展、刚劲有力、节奏鲜明。全套动作加上预备势和收势共有 32 个动作，正常速度完成约需 1 min。完整套路练习可增加肺活量、提高内脏机能，增强身体的协调能力，增大上下肢的伸展幅度。同时，长拳对于身体姿势和演练技法有一定要求，可以使大学生形成良好的身体姿势，体现出武术的“精、气、神”。

4.2.2　基本动作

1. 预备势

提肘抱拳和转头要快速、协调，做到头正、颈直、颏收、挺胸、立腰、收腹，精神饱满，眼视左前方。

2. 并步抱拳礼

撤步转身与两臂左右分开要一致，收步与抱拳要一致。抱拳礼动作刚柔相济，眼看前方。抱拳礼的动作规格：双脚并步站立，左掌右拳在胸前相抱，高于胸齐，掌拳与胸间距为 20～30 cm。整个动作强调用力均匀、精神饱满。

3. 左右冲拳

侧上步并步与冲拳动作要同时完成，左右冲拳时拳从腰间冲出，另一拳收抱腰间，做到挺胸、立腰、步稳、眼随手动。

4. 开步推掌、翻掌抱拳

向前推掌时要头正、颈直、挺胸、立腰、敛臀，眼看两掌。翻掌收抱动作要快速有力，收左脚并步抱拳与转头要同时完成。

5. 震脚砸拳

提膝与向上拧臂、震脚与砸拳要协调一致。砸拳时不可低头弓腰。

6. 蹬腿冲拳

冲拳时要拧腰、顺肩，上体正直。

7. 马步左右冲拳

马步左右冲拳要步稳、身正，冲拳快速有力。

8. 震脚砸拳

同第 5 步。

9. 蹬腿冲拳

同第 6 步。

10. 马步右左冲拳

同第 7 步。

11. 插步摆掌

插步与双摆掌要同时完成。

12. 勾手推掌

右后转体时要两掌收于腰间，然后再做勾手推掌动作。转身要圆滑，勾手推掌与弓步要协调一致、快速有力。

13. 弹踢推掌

弹腿与推掌要同时完成，力达掌根。

14. 弓步冲拳

落步成弓步与冲拳同时完成，弓步后腿蹬直。

15. 抡臂砸拳

转体抡臂绕环要协调，砸拳与震脚要同时完成。

16. 弓步冲拳

左弓步转换成右弓步时左脚要内扣，右脚要外展。随转体左右冲拳要快速有力，眼随手动。

17. 震脚弓步双推掌

转身震脚与两臂交叉上举绕至腰间动作、落步与双推掌动作要协调一致。震脚有力，转身震脚与两臂交叉上举绕至腰间，动作要有瞬间停顿，落步时推掌，以突出动作的节奏。

18. 抡臂拍脚

抡臂要走立圆，踢摆时脚面绷直，快速有力，击拍响亮。

19. 弓步顶肘

顶肘动作刚劲有力，强调攻防内涵，用肘尖用力撞击，腰身要协调配合。

20. 歇步冲拳

撤步与盖掌、歇步与冲拳要协调连贯。

21. 提膝穿掌

强调提膝要过腰，右掌在左掌背上穿出，提膝与穿掌要同时完成。

22. 仆步穿掌

仆步拧腰、转头与穿掌动作要协调一致。仆步右腿要全蹲、立腰。

23. 虚步挑掌

虚步时支撑腿要蹲下，重心落在后腿上，前脚掌虚点地面。挑掌要翘腕立掌上挑，力达四指。

24. 震脚提膝上冲拳

提膝、上冲拳与转头要同时完成。上冲拳时注意上臂要贴近耳。定势动作要求挺拔、稳定、精神饱满。

25. 弓步架拳

转身落步要轻、稳，弓步与架拳、冲拳要同时完成。

26. 蹬腿架拳

压肘要有力，与蹬踹同时完成。右腿后落成弓步与架拳同时完成。

27. 转身提膝双挑掌

提膝时重心要稳，挑掌时肩腕放松。转身摆掌走立圆与提膝同时完成。挑掌抖腕要先柔后刚、手眼相随。支撑腿五趾抓地。

28. 提膝穿掌

落左脚和左掌盖压右抱拳、提膝与穿掌要同时完成。支撑腿与右臂要充分伸直。

29. 仆步穿掌

仆步甩头、拧腰、穿掌要同时完成，眼随手动，身法、眼法与动作要协调配合。

30. 仆步抡拍

抡臂时松肩，以腰带臂走立圆，快速有力。上抡臂要贴耳，下抡臂要贴近腿，眼看拍地方向。

31. 弓步架栽拳

弓步架栽拳动作要自然，架、栽拳与转头要同时完成。

32. 收势

上步和分掌、并步与抱拳要协调配合，眼随手动。还原姿势要做到两臂下垂，贴靠大腿外侧的同时转头，目视前方。

4.3 跆拳道

跆拳道以腿为主，拳脚并用，以刚制刚，内外兼修。本节讲解跆拳道的竞赛规则、基本技术。

4.3.1 竞赛规则

1. 行礼

比赛开始前，双方运动员互相敬礼以表示尊重。场上裁判发出“准备”和“开始”命令后，比赛正式开始。

2. 赛制

跆拳道比赛分为3局，每局2分钟，局间休息1分钟。蓝方和红方选手使用规则允许的技术动作努力击败对手。比赛结果根据双方运动员3局的得分总和来判定，得分多者为胜者。

3. 允许攻击的部位

跆拳道竞赛中允许攻击的部位只有两个，一是头部，二是躯干。在对抗中，允许使用拳和脚的技术攻击躯干被护具包裹的部分，但禁止攻击后背脊柱。允许使用脚的技术攻击对手头部，但不能攻击对手的后脑部位。即可以用脚踢击对手头部和被护甲包裹的躯干部位，但不能用脚踢击对方后脑部分，同时禁止用拳击打头部。运动员可以使用拳的技术击打被护甲包裹的躯干的前面和侧面部位。

4. 得分

在比赛中，用脚踢击对手躯干部位一次只能得1分，用脚击打对手头部则可以得2分；如果击倒对手，裁判员读秒后再加1分。因此，虽然用脚踢技术击打对手头部的难度比较大，但许多运动员在比赛中还是千方百计地使用脚击打头部的技术，以尽可能多得分。比赛由一名主裁判员在场上主持，其他4名边裁判员根据运动员的技术使用情况负责评判并打分。在比赛中，判断一名运动员是否得分，关键要看运动员的技术是否准确、被允许、有力及有效。跆拳道赛场上加油声、呐喊声不断，判断一方运动员是否得分，可以看双方运动员进攻和反击时的动作，并随时看计分板；一个运动员如果得分了，在 1 s 内裁判员会按压手中的采分器，该运动员的得分也就及时公布在计分板上了。

5. 警告和扣分

现在的跆拳道竞赛规则对运动员倒地的判罚比较严厉。一般来说，运动员故意倒地有可能被裁判员判罚一个警告。如果是意外滑倒和被对手重击倒地或是技术性倒地（即在使用动作时无法控制身体平衡而倒地）则不被判罚。如果一名运动员被对方合理技术击中而身体摇晃或摔倒（一般是被击中头部），裁判员要数秒数到 8。如果数到 8 时，该运动员站起来表示能继续比赛，则比赛继续进行；如果运动员没有站起来，则另一方赢得比赛。在比赛中，如果一方搂抱、推拉对手，消极逃避比赛，用肘、膝顶击对手，摔倒对手，故意用拳攻击对手面部等，则会被判罚警告或扣分。

场上的教练员打断比赛进程或使用过激言语、行为，严重违犯体育道德也会被主裁判警告或扣分。如果一名运动员累计被扣掉 4 分，则要被判“犯规败”，也就意味着输掉了这场比赛。

6. 加时赛

在一场比赛中，如果双方打满 3 局出现平分的情况，则要进行加时赛。加时赛实行“突然死亡法”，即先得到 1 分的一方获胜。比赛结束后，运动员在比赛区域内相对而站，听到裁判员的口令后互相行礼，等候裁判员的判定。裁判员举起哪一侧的手臂，就说明哪一侧的运动员获胜。

4.3.2 基本技术

1. 实战姿势

实战姿势即预备姿势。两脚前后开立（左脚在前为左势，右脚在前为右势），与肩同宽，前脚脚尖右摆 15°～45°，后脚尖为 90°～110°，后脚跟稍提起，膝微屈，身体重心落于两脚之间，如图 4-52 所示。上体直立，斜向右前方，双手握拳，两臂微屈肘，自然垂放，目视前方。

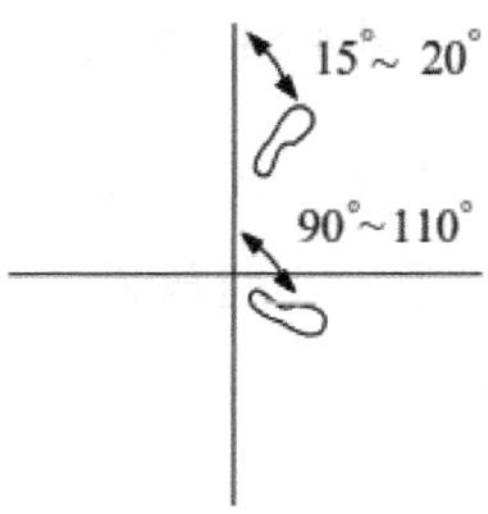

图 4-52 实战姿势

2．进攻拳法

进攻拳法（直拳）如图 4-53 所示，左脚蹬地，上体快速有力地向左前方扭转。同时，右臂内旋，拳心向下方转动，拳面、前臂、肘关节与肩成一条直线，快速弹伸。

动作要点：蹬地、转髋，转腰、顺肩一气呵成，力达拳面；击打时，全身关节应富有弹性。

图 4-53 进攻拳法

3．进攻腿法

（1）前踢

以实战姿势开始，右脚蹬地，髋关节向左旋转，双手握拳置于胸前；右腿屈膝上提，脚面稍绷直，当大腿抬至水平或稍高时，小腿快速向前上方弹出，右腿蹦直，用脚面或前脚掌击打目标；踢击后快速右转髋，使小腿沿原路折叠返回，右脚落于左脚前，仍成实战姿势，如图 4-54 所示。前踢发力部位由脚尖改为脚跟时，前踢动作即变为前蹬动作。

图 4-54 前踢

前踢的主要攻击部位为面部、下鄂、腹部等，亦可用于防守。

动作要点：抬腿时，膝关节夹紧，小腿放松；高踢时，髋关节往前送，膝关节抬高；小腿前踢与回收速度一样迅速。

（2）横踢

以实战姿势开始，右脚蹬地，重心前移至左腿，右腿屈膝提起，双手握拳置于胸前；左脚外旋 180°，髋关节左转，左膝内扣，同时小腿迅速有力地向左前方横向踢出，力达脚背；顺鞭打之势上体右转，右腿屈膝回收，右脚落回原处，成实战姿势，如图 4-55 所示。横踢的主要攻击部位为头部、胸部、腹部、肋部等。

图 4-55 横踢

动作要点：转身、踢腿要一气呵成；踢腿时，腰、髋、膝、腿、踝成一条直线，踝关节下扣。

（3）侧踢

以实战姿势开始，右脚蹬地屈膝提起，左脚以前脚掌为轴外旋 180°，髋关节左转；同时右脚向右前方直线踢出，力点在于脚刃与脚跟，如图 4-56 所示。发力后沿起腿路线收腿落地，呈实战姿势。

图 4-56 侧踢

侧踢的主要攻击部位为头部、胸部、腹部、肋部、膝部等。

动作要点：起腿时，大小腿、膝关节夹紧；提膝、转体、展髋一气呵成；踢击时，头、肩、髋、腰、膝、腿、踝在同一条直线上。

（4）后旋踢

以左势开始，两脚掌均内旋约 180°，身体随之右转约 90°，上体持续右转，与双腿拧成一定角度，右脚蹬地，以髋关节为轴提膝摆起，右腿继续向右后旋摆鞭打，呈弧形摆至身体右侧后，右腿屈膝回收，顺势放松，仍呈左势实战姿势。

后旋踢的主要攻击部位为头部、胸部等。

动作要点：转身、旋转、踢腿一气呵成，无停顿；重心在原地旋转 360°，屈膝抬腿的速度要快；蹬地、转腰、转上体、摆腿顺序发力，击打点在正前方，呈水平弧线。

（5）下劈

以左势开始，右脚向后蹬地，身体重心前移至左腿，双手握拳置于胸前；右腿以髋关节为轴屈膝上提，左脚跟提起，左腿伸直；膝关节至胸部时，小腿迅速向上伸直，右脚尽量上举至头部上方，如图 4-57 所示。然后放松、快速下落，以右脚掌与脚跟为力点劈击目标，右脚落地，呈右势实战姿势。

下劈的主要攻击部位为头顶、面部等。

动作要点：身体重心往高起，向上送髋；脚尽量高抬，往头后举；起腿要快速、果断；脚、踝关节放松往下劈落，落地应有控制。

图 4-57 下劈

（6）推踢

以实战姿势开始，右脚蹬地，身体重心前移至左脚，右腿屈膝提起，左脚以前脚掌为轴外旋约 90°，重心向前压，同时右脚迅速向正前方水平推踢，力达脚掌，推踢后迅速屈膝，身体重心前落成左势，如图 4-58 所示。

推踢的主要攻击部位为腹部。

动作要点：提膝时尽量收紧膝关节；身体重心往前移，增加前推力度。

图 4-58 推踢

（7）后踢

以实战姿势开始，转身，背对对方，右脚前蹬后屈膝提起，髋关节收紧，右脚贴近左大腿；随即左腿蹬地伸直，右脚向右后方随展髋伸膝向后方直线踢出，上体侧倾，力达脚跟；踢击后，右腿按原路线迅速收回，呈实战姿势，如图 4-59 所示。

图 4-59　后踢

后踢的主要攻击部位为头部、胸部、腹部、裆部、膝部等。

动作要点：起腿后上体和大小腿应折叠收紧，蓄势待发；转身、提腿、出脚、发力一气呵成。

第五章

形体运动

形体运动反映了人体的健美状态，体现了运动者的健康、激情、活力。这些形体运动不仅可以强健身心，更可以塑造优美的人体曲线。

要点提炼：

1. 体育舞蹈的竞赛规则。
2. 健美操的竞赛规则和下肢、上肢的基本动作。
3. 瑜伽的呼吸法和基本姿势。

5.1 体育舞蹈

体育舞蹈也称国际标准交谊舞（简称国标舞），集娱乐、运动、艺术于一体，是以男女为伴的一种步行式双人舞。

体育舞蹈的发展经历了原始舞、公众舞、民间舞、宫廷舞、交际舞、新旧国际标准交谊舞等演变过程。早在殷商乐舞“韶”中，便有“相与连臂踏歌行”的集体舞之说。18 世纪 20 年代，英国皇家舞蹈教师协会对原舞种、舞步、舞姿等进行了规范整理，制定了比赛方法，形成了国际标准交谊舞。1847 年，在德国柏林举行了第 1 届世界标准交谊舞锦标赛。1992 年，国标舞被列为奥运会表演项目。

5.1.1　基本知识

1. 舞种

体育舞蹈按舞蹈的风格和技术结构，分为摩登舞（现代舞）和拉丁舞两大类。摩登舞包括华尔兹、快步舞、探戈、狐步舞和维也纳华尔兹 5 种；拉丁舞包括伦巴、桑巴、恰恰恰、斗牛舞和牛仔舞 5 种。每个舞种均有各自的舞曲、舞步及风格，根据各舞种的乐曲和动作要求，编排成各自的成套动作。

（1）摩登舞

① 华尔兹。华尔兹也称圆舞，是体育舞蹈中历史悠久、生命力较强的舞蹈形式，有“舞中之后”的美誉。其动作风格庄重典雅、舒展大方、华丽多姿、飘逸优美。音乐为 3/4 拍，每分钟 30～32 小节，舞步为 1 拍 1 步，每音乐小节跳 3 步。前进并合步（追步）、前进锁步、后退锁步等步伐中每小节跳 4 步。

② 探戈。探戈起源于非洲中西部的民间舞蹈“探戈诺”舞，据传为情人之间的秘密舞蹈，有“舞中之王”的美誉。其动作风格刚劲挺拔、热烈狂放且变化无穷，沉稳中见激越，奔放中显顿挫，在“情绪抑制”的内向中具有丰富的“引诱性”。其伴奏音乐为 4/4 拍，每分钟 28～34 小节。

③ 狐步舞。狐步舞起源于美国舞蹈，20 世纪初从美国逐渐流行于世界。其动作风格流动感强、轻盈恬适、舒展流畅、平稳大方、悠闲从容。其伴奏音乐为 4/4 拍，每分钟 28～36 小节。

④ 快步舞。快步舞是一种快速 4 拍子舞蹈，由美国民间舞演变而来，早期吸收了狐步舞动作，后又引入了芭蕾舞的小动作。其动作风格轻快活泼、圆滑流利、富有激情、洒脱自由、奔放灵活、快速多变、饱含动力感和表现力。其伴奏音乐为 4/4 拍，每分钟 50～52 小节，基本节奏是慢慢快快，慢快快慢。

⑤ 维也纳华尔兹。维也纳华尔兹俗称快三步，起源于奥地利的农民舞蹈，又称“快乐尔兹”。其动作风格流畅华丽、轻松明快、翩跹回旋、活泼奔放。其伴奏音乐称为圆舞曲，3/4 拍，每分钟 56～60 小节，第 1 拍为重拍，第 4 拍为次重拍。基本步伐是 6 拍走 6 步，2 小节为 1 个循环，第 1 小节为 1 次起伏。

（2）拉丁舞

① 伦巴。伦巴起源于古巴，最初是表现男女爱情的哑剧舞蹈。其动作风格浪漫奔放、性感热情、曼妙婀娜，被称为拉丁美洲音乐和舞蹈的精神与灵魂。其伴奏音乐是 4/4 拍，每分钟 27～29 小节。舞步从第 4 拍起跳，由 1 个慢步和 2 个快步组成。4 拍走 3 步，慢步占 2 拍（第 4 拍和下一小节的第 1 拍），快步各占 1 拍（第 2 拍和第 3 拍）。胯部摆动 3 次。

② 桑巴。桑巴是一种集体性的交谊舞蹈，源自非洲的黑人舞蹈，原指一种激昂的肚皮舞。男舞者钟情于脚下各种灵巧的动作，两脚飞速移动或旋转。女舞者则以上身的抖动及腹部与臀部的扭动为主。其动作风格狂放不羁，动作幅度很大，节奏强烈，给人以激情似火的感觉。桑巴舞沿舞程线方向绕场移动，是一种行进性舞蹈，伴奏音乐是 2/4 拍或 4/4 拍，每分钟 48～56 小节。

③ 恰恰恰。恰恰恰是模仿企鹅的动作创编而成的舞蹈，借以表达青年男女之间追逐嬉戏的情景，起源于非洲，传入拉丁美洲后，在古巴获得了很大发展。其动作风格风趣诙谐、热烈俏美、步法利落、花哨紧凑。伴奏音乐是 4/4 拍，每拍跳 5 步，每分钟 29～32 小节。

④ 斗牛舞。斗牛舞即帕索多布累，也称西班牙一步舞，起源于西班牙，是模仿西班牙斗牛士的动作而创编的舞蹈，主要表现斗牛士的强壮和豪迈气概。其动作风格澎湃激昂、雄壮强悍、动静鲜明、敏捷顿挫。伴奏音乐是 2/4 拍，每分钟 60～62 小节，1 拍 1 步，8 拍为 1 个循环。

⑤ 牛仔舞。牛仔舞又称为捷舞、摆舞、吉特巴、水兵舞，源于美国西部，原是美国西部牛仔跳的踢踏舞。其动作风格快速粗犷、自由奔放、热情欢快。伴奏音乐是 4/4 拍，每分钟 40～44 小节，每小节有 2 拍或 4 拍，6 拍为一个舞步。

2. 舞程线

跳舞中为避免互相碰撞，规定跳舞者必须按逆时针方向前进，这个行进线路称为舞程线，如图 5-1 所示。其中，长的两条为 A 线，短的两条为 B 线。

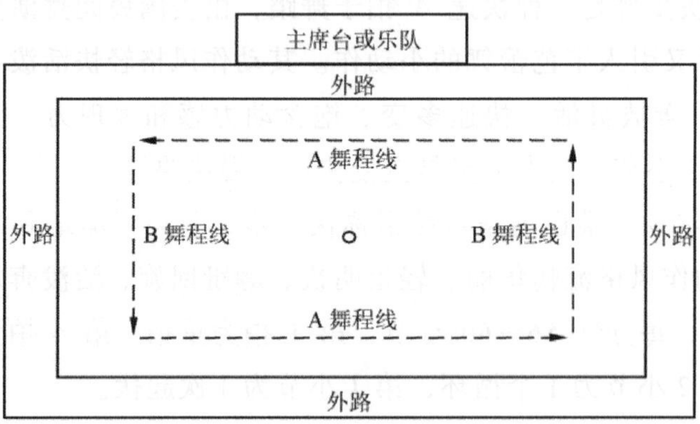

图 5-1 舞程线

3. 方位

以舞场正前方（多为乐队演奏台）为基点，定为“1 点”，每顺时针移动 45° 则变动一个方位，依此类推，分别为 2～8 号位，如图 5-2 所示。

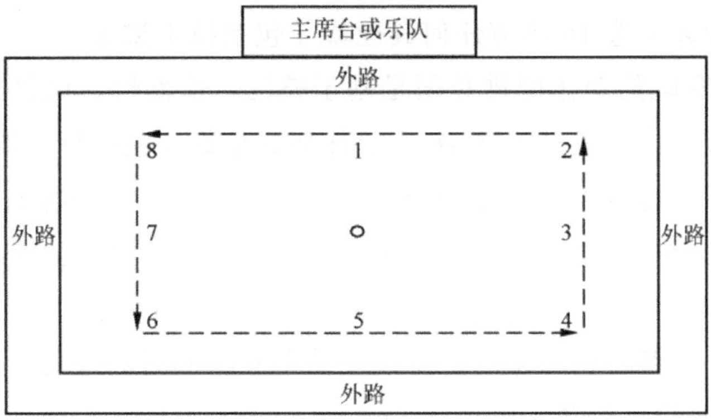

图 5-2　方位

4. 角度

交谊舞中，舞者旋转的方向有左转和右转，旋转的角度一般分为 45°、90°、135°、180°、225°、270°、315° 和 360°，如图 5-3 所示。

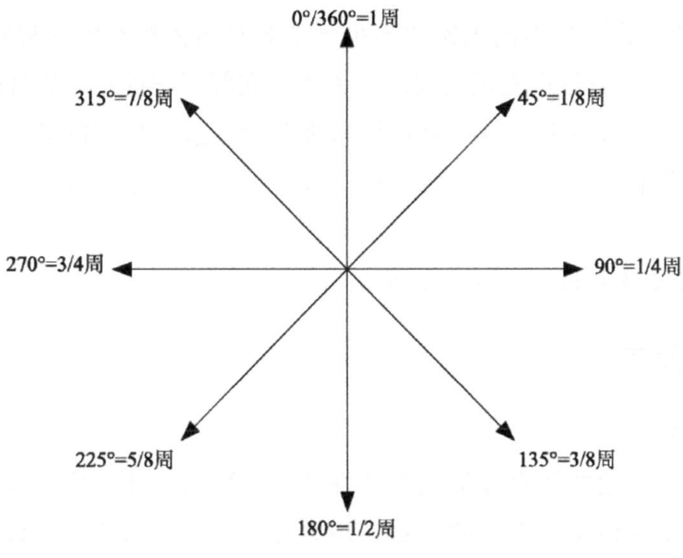

图 5-3　角度

5.1.2　竞赛规则

体育舞蹈的竞赛规则要点有以下几点。

① 团体舞锦标赛可有以下两种形式：标准舞和拉丁舞。

② 比赛着装。标准舞部分：男舞者服装必须为黑色或藏蓝色。拉丁舞部分：允许男舞者穿彩色的服装，但每队的所有男队员必须服装颜色统一，不允许使用道具。

③ 标准舞比赛队的动作编排必须是基于华尔兹、探戈、维也纳华尔兹、慢狐步

舞和快步舞，并最多可选16小节任何其他舞（包括拉丁舞）。

④ 拉丁舞比赛队的动作编排必须是基于桑巴、恰恰恰、伦巴、斗牛舞、牛仔舞和任何其他拉丁节奏，并最多可选16小节任何其他舞（包括标准舞）。

⑤ 标准舞的每段独舞将严格限制在8小节以内，在整个舞蹈编排中最多24小节。此规则不适用于拉丁舞，在拉丁舞中独舞通常作为一部分。两种舞中都不允许有托举动作。

托举动作指1名舞者在舞伴的协助或支持下双脚同时离地的动作。

⑥ 在所有比赛中，参赛队应由6对或8对选手组成。在同一比赛中，任何人不得参加超过一队的比赛。

⑦ 在比赛中的任何阶段，各队队员最多可以有4名替补。

⑧ 包括入场和出场每队的表演不得超过6 min。在此6 min内，将评判不超过4.5 min的表演，表演的开始和结束应有明确的指示。未遵守这些要求的队可由主席决定取消比赛资格。

⑨ 比赛必须安排来自不同国家的不少于7名有团体舞经验的裁判。

⑩ 必须为各队的彩排做充足的安排，为各队在舞厅安排充足的时间带音乐排练。

⑪ 必须任命1名主席。他必须参加彩排并警告违反规则的队。如有参赛队在比赛中违反规则，他有权和裁判们协商后取消该队的比赛资格。在比赛时只允许使用彩排时的动作编排和音乐，比赛时不允许更换服装。

⑫ 当比赛参赛队超过5支时，必须举行第2轮比赛。

5.1.3 基本技术

1. 标准握持

标准握持，应当使共舞双方形成整体性结构，融为一体。它不仅关系到造型的优美，而且影响信息的传递、重心的稳定、用力方法的正确与统一，以及特殊技巧的运用等一系列问题。在体育舞蹈中，除探戈之外，所有舞种的标准握持都是一样的。其要点如下。

（1）脚

双脚平行并拢，切忌不可“八”字形张开；右脚尖对准舞伴的两脚之间；重心集中于前脚掌且不能抬起脚跟。

（2）手

男舞者的右手掌心向里，扶在女舞者左侧腰部的上方，五指并拢，肘与指尖形成一条直线，大臂与肩膀呈椭圆形展开；女舞者左手轻放在男舞者右大臂三角肌处，四指并拢，用虎口定位；男舞者左手和女舞者右手相握。

（3）躯干

在保持双方肩横线平行的前提下，各自的头部向左侧转动 45°，双眼平视前方。女舞者上体后展约 15°，成挺拔式弯曲，表现出女性特有的曲线美。

2. 舞姿

舞姿泛指舞者跳舞的姿态，是舞步变化的基础。

合对位舞姿（闭式舞姿）：“合”指两舞者交手握抱，“对”指面对面，泛指男女面对面双手扶握的身体位，女舞者应偏向男舞者右侧约 1/3。

散式舞姿：指男舞者的右侧与女舞者的左侧身体紧密贴靠，身体的另一侧略向外展开成“V”字形的站立或行进的身体位置。双方的视点集中在握手的延伸方向。

3. 舞步

① 直步：面向舞程线，双脚并拢，脚尖对正前方，脚跟对正后方，前进或后退。

② 横步：以直步为参考点，向脚外侧方向平移。

③ 切步：以直步为参考点，运步时，动作脚内侧朝向前进方向。

④ 扣步：以直步为参考点，运步时，动作脚外侧朝向前进方向。

⑤ 擦步：当动力脚从一个开位向另一个开位移动时，必须先与主力脚靠拢，且重心不变。

⑥ 滑步：舞步由 3 步组成，在第 2 步双脚并拢。

⑦ 锁步：两脚前后交叉。

⑧ 踌躇步：前进暂时受阻，而重心停留于一只脚后时间超过一拍的舞步。

⑨ 逗留步：身体运动或旋转受阻时，双脚几乎静止不动的舞步。

⑩ 轴转：脚掌的旋转，另一只脚处于或前或后的反身动作位置。

温馨提示

体育舞蹈的 3 要素：舞姿、音乐、舞步。其中，舞姿是最重要的，其次是音乐，再其次是舞步。

5.2　健美操

健美操的分类方法众多，根据练习的主要目的和任务，可分为竞技健美操和健身健美操；根据练习形式，可分为徒手健美操、器械健美操和特殊场地健美操；根据性别特征，可分为女子健美操和男了健美操；根据年龄特征，可分为儿童健美操、少年健美操、青年健美操、中年健美操和老年健美操；根据锻炼部位，可分为颈部健美操、肩部健美操、臂部健美操、胸部健美操、腹部健美操、腰部健美操、髋部健美操、腿部健美操等。

5.2.1 竞赛规则

1. 总则

（1）定义

健美操是在音乐伴奏下，以有氧运动为基础，增进健康、塑造形体、改善气质的一项娱乐休闲运动。

（2）目的

制定本规则的目标是保证全国大众健美操比赛评分的客观性、规范性和公正性。

（3）比赛内容

比赛内容分规定动作比赛（全国健美操大众锻炼标准）、自选动作比赛。

（4）年龄与分组

儿童组（小学生），12 岁以下；少年组（中学生），13～17 岁；青年组，18～34 岁；中年组，35～49 岁；老年组，50 岁以上。

（5）参赛人数

规定动作：每队 6 人，性别不限，或按比赛规程执行。自选动作：每队 3～16 人，性别不限，或按比赛规程执行。

（6）出场顺序

比赛的出场顺序在赛前由组委会竞赛部指定中间人抽签确定。

（7）比赛场地与设备

① 赛台高 80～100 cm，比赛场地为 12 m×12 m 的地板或地毯，后面有背景遮挡。

② 有专业的放音设备和舞台灯光。

③ 裁判席设在比赛场地的正前方。

（8）成套动作时间

① 规定动作：按《全国健美操大众锻炼标准》的规定时间执行。

② 自选动作：成套动作时间为 2.5～3 min，计时从动作开始到动作结束。

（9）音乐伴奏

① 规定动作音乐由主办单位提供《全国健美操大众锻炼标准》中规定的动作音乐并统一播放。

② 自选动作音乐由参赛队自备，音乐刻录到光盘中，必须准备 2 份，其中 1 份报到后交大会放音组。

③ 自选动作音乐允许有 2×8 拍的前奏，音乐速度不限，比赛音乐必须是高质量的。

（10）比赛服装

① 着健身服或运动式休闲服和运动鞋（旅游鞋式，不可穿球鞋、体操鞋等）。

② 服装上可有亮片等装饰物，女选手可化淡妆；比赛时选手不得佩戴首饰。

（11）裁判组组成

裁判组由 1 名裁判长、5～7 名裁判员、1 名总记录长、2～3 名记录员、1 名计时员（自选动作比赛）、1～2 名放音员、2～3 名检录员、1 名宣告员组成，也可根据比赛规模大小适当增减裁判人员。

（12）评分方法

① 采取公开示分的方法，成套动作满分为 10 分，裁判员的评分精确到 0.1 分。

② 评分计算方法是去掉 1 个最高分和 1 个最低分，中间 3 个分数的平均分即为得分，再减去裁判长减分即为最后得分。

③ 对比赛成绩和结果不接受申诉。

（13）比赛成绩与奖励

① 比赛成绩按比赛规程执行。

② 奖项设置与奖励办法按比赛规程执行。

2. 成套动作评分

（1）规定动作评分（10 分制）

评分因素与分值：表演和团队精神 4 分，动作完成 6 分，如表 5-1 所示。

表 5-1　规定动作评分表

扣分表				
评分因素	内容	一般	较差	不可接受
表演和团队精神 4 分	表现力与热情	0.1～0.2	0.3～0.4	0.5 或更多
	队形	0.1～0.2	0.3～0.4	0.5 或更多
	一致性（每次）	0.1	0.2	0.3
动作完成 6 分	动作的正确性	0.1～0.2	0.3～0.4	0.5 或更多
	动作不熟练、漏做动作	0.1～0.2	0.3～0.4	0.5 或更多
	身体的协调性	0.1～0.2	0.3～0.4	0.5 或更多
	动作连接	0.1～0.2	0.3～0.4	0.5 或更多
	改变动作或附加动作	0.1～0.2	0.3～0.4	0.5 或更多
	动作充分表现音乐的情绪	0.1～0.2	0.3～0.4	0.5 或更多
	动作和音乐节奏配合准确	0.1～0.2	0.3～0.4	0.5 或更多

（2）自选动作评分（10 分制）

评分因素与分值：动作设计集体 3 分/个人 4 分，动作完成集体 4 分/个人 4 分，表演和团队精神 3 分，个人表演 2 分，如表 5-2 所示。

表 5-2　　　　自选动作评分表

扣分表					
评分因素		内容	一般	较差	不可接受
动作设计 集体 3 分/个人 4 分		主题健康、充满活力	0.1～0.2	0.3～0.4	0.5 或更多
		风格突出、富有创意	0.1～0.2	0.3～0.4	0.5 或更多
		动作类型丰富，动作的转换自然流畅	0.1～0.2	0.3～0.4	0.5 或更多
		服饰选择美观、协调	0.1～0.2	0.3～0.4	0.5 或更多
		音乐的选择与动作风格相一致并配合协调，录音质量高、清晰	0.1～0.2	0.3～0.4	0.5 或更多
		充分利用场地和空间	0.1～0.2	0.3～0.4	0.5 或更多
		安全性	0.1～0.2	0.3～0.4	0.5 或更多
		每出现一个不安全动作	扣 0.2		
动作完成 集体 4 分/个人 4 分		动作完成轻松、准确、流畅	0.1～0.2	0.3～0.4	0.5 或更多
		动作完成能体现所选择主题的风格和特点	0.1～0.2	0.3～0.4	0.5 或更多
		动作与音乐须协调一致	0.1～0.2	0.3～0.4	0.5 或更多
		基本姿态和技术正确，动作优美	0.1～0.2	0.3～0.4	0.5 或更多
集体	表演和团队精神 3 分	表现力与热情	0.1～0.2	0.3～0.4	0.5 或更多
		队形	0.1～0.2	0.3～0.4	0.5 或更多
		一致性（每次）	0.1	0.2	0.3
		表现力与热情	扣 0.3	0.4～0.5	0.6 或更多
个人表演 2 分		表现力与热情	扣 0.3	0.4～0.5	0.6 或更多

（3）裁判长减分

裁判长对比赛的过程进行组织和监控，并对下列情况进行减分，每项均减 0.2 分：被叫到后 20 s 内未出场；参赛人数不符合规定；成套时间不足或超过；着装不符合规定；比赛时掉物或装束散落。

3. 不安全动作

不安全动作包括各种竞技体操和技巧运动的翻转和抛接动作，过度背弓，无支撑体前屈，仰卧翻臀，头绕环和过度头后仰，膝转，足尖起，仰卧直腿起坐、仰卧直腿举腿、仰卧两头起，臀部低于膝关节的深蹲，高难度的托举动作。

在成套动作中不鼓励出现竞技健美操中的难度动作，如出现类似的动作，将不予加分，并对出现的错误动作进行减分。

4. 纪律与处罚

（1）裁判员纪律与处罚

严格按照《体育竞赛裁判员管理办法》的有关规定执行。

（2）赛者纪律与处罚

① 裁判示意后 1 min 内未出场者，取消比赛资格。

② 拒绝领奖者取消所有成绩与名次。

③ 检录 3 次未到者取消该项比赛资格。

④ 对不遵守大会其他纪律、不尊重裁判员和大会工作人员、有意干扰比赛者将视情况给予以下处罚：警告，取消比赛资格，取消健美操等级指导员资格，终身取消比赛资格。

5. 特殊情况处理

运动员在遇到以下特殊情况时，应立即停止做动作并向裁判长反映，在问题解决后重做，在成套动作结束后提出的要求将不被接受：播放错音乐；由于音响设备而出现的音乐问题；由于设备问题而出现的干扰——灯光、舞台、会场。

5.2.2 基本动作

1. 下肢动作

健美操的基本步伐有 5 类：踏步类、迈步类、点地类、抬腿类和双腿类。

（1）踏步类

运动强度较低，两脚始终依次交替落地。

① 踏步。两腿原地依次抬起，依次落地，两臂自然前后摆动，如图 5-4 所示。落地时，由脚尖过渡到脚跟，踝、膝、髋关节依次有弹性地缓冲。

图 5-4　踏步

② 走步。迈步向前走时，脚跟先落地，过渡到全脚掌，如图 5-5 所示；向后走时则相反。

③ “一”字步。一只脚向前一步，另一只脚并于前脚，然后依次还原，如图 5-6 所示。前后均要有并脚过程；每一拍动作膝关节始终有弹性地缓冲。

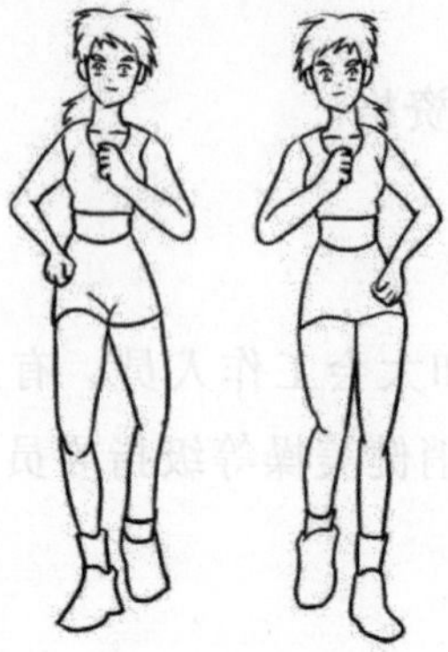

图 5-5　走步

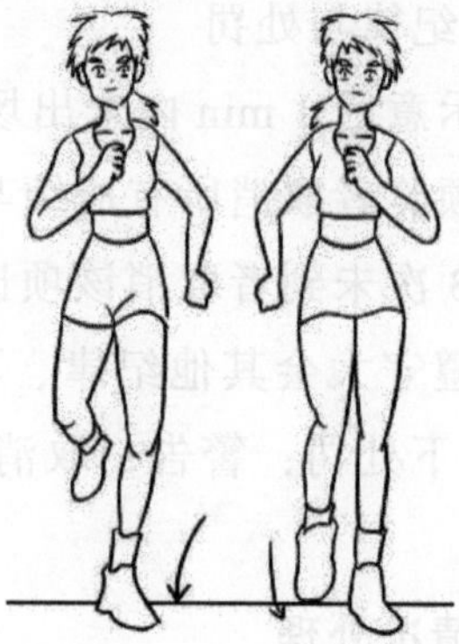

图 5-6　“一”字步

④ “V”字步。一只脚向前侧方迈一步，另一只脚随之向另一侧方迈一步，成两脚开立，屈膝，如图 5-7 所示，然后依次退回原位。两脚间距离略比肩宽，重心落于两腿之间。

图 5-7　“V”字步

⑤ 漫步。一只脚向前迈出，屈膝，重心随之前移，另一只脚稍抬起，然后原地落下；或向后撤一步，重心后移，另一只脚稍抬起，然后原地落下，如图 5-8 所示。动作富有弹性，身体重心随之前后移动。

图 5-8　漫步

⑥ 跑步。两腿经过腾空，依次屈膝落地缓冲，脚跟要着地，两臂屈肘摆臂，如图 5-9 所示。

图 5-9　跑步

（2）迈步类

一条腿先迈出一步，重心移至该腿，另一条腿用脚跟或脚尖点地后向另一个方向迈步。

① 并步。一只脚迈出，另一只脚随之并拢屈膝点地；再向反方向迈步，如图 5-10 所示。两膝保持弹动，重心随之移动，动作幅度和力度可随风格而定。

图 5-10　并步

② 侧交叉步。一只脚向侧方迈一步，另一只脚在其后交叉，随之再向侧方迈一步，另一只脚并拢，屈膝点地，如图 5-11 所示。第一步脚跟先落地，屈膝缓冲，身体重心随脚步快速移动。

（3）点地类

一条腿屈膝站立，另一条腿伸出，用脚尖或脚跟点地后还原到并腿位置。

图 5-11　侧交叉步

① 脚尖点地。一条腿稍屈膝站立，另一条腿伸出（向前、向后、向一侧），脚尖点地，然后还原到并腿姿势，如图 5-12 所示。支撑腿始终保持屈膝站立，并随动作有弹性地屈伸。

图 5-12　脚尖点地

② 脚跟点地。一条腿稍屈膝站立，另一条腿伸出，脚跟点地，然后还原到并腿姿势，如图 5-13 所示。只可做向前和向侧的脚跟点地。

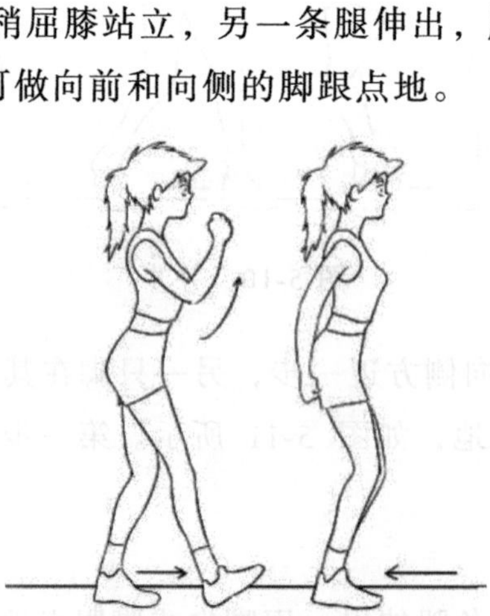

图 5-13　脚跟点地

（4）抬腿类

一条腿站立，另一条腿抬起。

① 吸腿。一条腿屈膝抬起，落地还原，如图 5-14 所示。上体保持正直，大腿用力上提超过水平线，小腿自然下垂。

② 摆腿。一条腿站立，另一条腿做摆动，如图 5-15 所示。摆腿时，上体顺势前倾、后倾或侧倾。

图 5-14　吸腿

图 5-15　摆腿

③ 踢腿。一条腿站立，另一条腿抬起，然后还原，如图 5-16 所示。踢腿时，加速用力且有控制，上体保持正直。

图 5-16　踢腿

④ 弹踢腿（跳）。一条腿站立（蹬跳），另一条腿先向后屈，再向前下方弹踢后还原，如图 5-17 所示。腿弹出时要有控制，无须太高，上体保持正直。

⑤ 后屈腿（跳）。一条腿站立（蹬跳），另一条腿向后屈膝折叠，放下腿还原，如图 5-18 所示。后屈腿脚跟靠近臀部，支撑腿有弹性地缓冲落地，两膝并拢。

图 5-17　弹踢腿（跳）

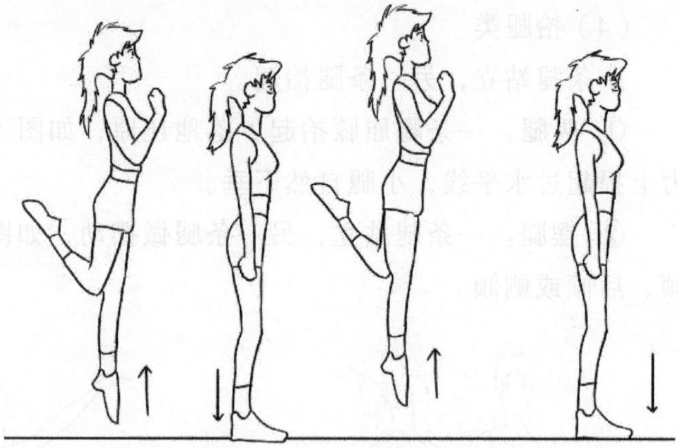

图 5-18　后屈腿（跳）

（5）双腿类

双腿站立或跳跃，身体重心在两腿之间。

① 并腿跳。两腿并拢跳起，如图 5-19 所示。落地缓冲且有控制。

② 分腿跳。分腿分立，屈膝半蹲（大、小腿夹角不小于 90°），向上跳起，分腿落地屈膝缓冲，如图 5-20 所示。

图 5-19　并腿跳

图 5-20　分腿跳

③ 开合跳。并腿跳起，分腿落地，再分腿跳起，并腿落地。分腿屈膝蹲时，两脚自然外开，膝关节沿脚尖方向弯曲。落地时，屈膝缓冲，脚跟着地。

④ 半蹲。半蹲分为并腿半蹲和分腿半蹲，两腿有控制地同时屈和伸。分腿半蹲时，两腿左右分开稍大于肩，脚尖稍外展，膝关节角度不小于 90°，与脚尖方向一

致，上体保持直立，如图 5-21 所示。

⑤ 弓步。两脚前后分开，平行站立，一条腿屈膝，脚尖与膝垂直，另一条腿伸直，重心落于两脚之间。也可两膝皆屈，后腿的大腿垂直于地面，如图 5-22 所示。

图 5-21　分腿半蹲

图 5-22　弓步

温馨提示

音乐和动作的配合，对健美操的艺术效果起着关键性的作用。

2. 上肢动作

（1）手形

健美操中，手掌随臂的姿态而灵活变化，一般而言，手臂伸展时，手指和手腕随之伸展，手背呈反弓形；手臂弯曲时，手指、手腕放松，从肩至手指成一柔和弧线。恰当地运用各种手形，能使手臂动作更加丰富多彩。健美操常见手形如下所述。

① 并拢式：五指伸直并拢，大拇指微屈，指关节贴于食指旁。

② 分开式：五指用力伸直，充分张开，手腕保持一定的紧张程度。

③ 一指式：握拳，食指或拇指伸直。

④ 芭蕾手势：五指微屈，后 3 指并拢、稍内收，拇指内扣。

⑤ 拳式：握拳，拇指在外，指关节弯曲，紧贴于食指和中指。

⑥ 立掌式：五指伸直，手掌用力上翘。

⑦ 西班牙舞手势：五指用力，小指、无名指、中指自掌指关节处依次屈，拇指稍内扣。

⑧ 花式：在分开式的基础上小指伸直向掌心回弯到最大限度，无名指会随小指回弯。

⑨ 剑指：拇指与无名指、小指相叠，中指、食指并拢伸直。

（2）臂部动作

健美操手臂的基本动作包括举、摆、提、拉、屈、绕、绕环等，如表5-3所示。

表5-3 健美操手臂的基本动作

动作分类	动作界定	动作变化
举（摆/提/拉）	以肩为轴，臂伸直向某方向抬起并停止在某一部位，活动范围不超过180°	单或双臂的前、后、侧举。其中，双臂既可以做相同的动作，又可以做不同的动作；既可同时进行，又可依次进行，还可交叉进行
屈	肘关节产生一定的弯曲角度	包括胸前平屈、肩侧屈、肩上侧屈、肩下侧屈、肩上前屈、腰间屈、头后屈。既可以一臂做动作，又可以两臂同时做相同的动作，还可以两臂依次做相同的动作
绕（绕环）	以肩关节为轴，手臂在180°~360°的运动为绕；大于360°以上的圆周运动为绕环	单或双臂的前、后、内、外绕（环绕），小绕、中绕、大绕。两臂动作既可以同时进行，又可以依次进行

（3）肩部动作

单肩或双肩提肩、沉肩、收肩、展肩、绕肩、振肩等。

（4）躯干动作

躯干的波浪动作可向前、后、左、右依靠身体各部位依次完成，动作要协调、连贯。例如，前波浪是从下而上，后波浪是从上而下。

5.3 瑜伽

本节概述练习瑜伽的基本要求和呼吸方法，讲解瑜伽的基本姿势。

5.3.1 瑜伽的基础知识

本节讲解练习瑜伽的基本要求、瑜伽的正确呼吸方法，讲解肘部练习、蹬自行车式、顶峰式、莲花坐、平衡式、船式、向太阳致敬式等瑜伽基本姿势。

1. 练习瑜伽的基本要求

（1）时间

对专业瑜伽练习者而言，清晨6点前后是练习瑜伽的最佳时刻，此时周围万籁俱寂，空气纯净，肠胃活动基本停止，大脑尚未活跃起来，容易进入瑜伽的深层练习状态。一般而言，饭后 3～4 个小时，饮用流体后间隔半个小时以上练习瑜伽为佳，即只要保证空腹的状态，一天中的任何时间都可以练习瑜伽。

（2）地点

室内练习：空气清新、流通，环境干净、舒适，空间能保证练习者充分地伸展身体。

室外练习：可以选择露天的自然环境，如花园、草坪、森林等。要避免在大风、寒冷天气的室外或有污染的空气中练习瑜伽，也不要在太阳直射下练习（黎明除外，因为黎明时光线柔和，有益于健康）。

（3）服装

练习瑜伽时应穿着宽松柔软的衣服，保证面料透气，练习时肌体不受拘束，衣服的材质以棉麻质地为佳。裤子最好是有抽绳的，可调节松紧。练习瑜伽时，鞋、袜（天冷时脚部须注意保暖）、手表、眼镜及其他饰物等都应摘除。

（4）用具

练习瑜伽应使用专业的瑜伽垫，不宜在过硬的地板或太软的床上直接练习，还可以使用一些道具来辅助练习某些姿式，如瑜伽砖、瑜伽绳等。

（5）其他

练习瑜伽后 20 min 内不宜沐浴，沐浴后 20 分钟内和长时间的太阳浴后也不宜练习瑜伽。但在练习瑜伽前 1 h 左右洗冷水澡，可以使练习效果更好。

练习瑜伽时，可以少量饮用清水，帮助排出体内毒素。练习瑜伽结束 1 h 后再摄取食物，但应避免食用油腻、辛辣或导致胃酸过多的食品。

在练习瑜伽时要根据自己的实际情况温和地伸展身体，不可用力推拉牵扯。如果在练习过程中出现体力不支或身体颤抖，不可过度坚持，应即刻收功还原。

2. 瑜伽的呼吸法

采用正确的呼吸方法能使身体和心灵得到放松，对身心健康有明显的裨益。瑜伽呼吸方法主要有以下 3 种。

（1）胸式呼吸法

慢慢吸气时，把气体吸入胸部区域，胸骨、肋骨向外扩张，腹部应保持平坦。当吸气量加深时，腹部会朝脊椎方向收紧。呼气时，缓慢地把肺内浊气排出体外，肋骨和胸部恢复原位。

（2）腹式呼吸法

腹肌放松，吸气时，通过鼻子缓慢深长地吸气入肺的底部，随着吸气量的加深，胸部和腹部之间的横膈膜下降，腹内脏器官下移，将空气压入腹部底层，小腹慢慢隆起。呼气时，腹部向内、朝脊椎方向收紧，横膈膜升起，把肺内的浊气完全排出体外，内脏器官恢复原位。呼气时间约是吸气时间的 2 倍。

（3）完全呼吸法

完全呼吸法是把胸式呼吸和腹式呼吸结合在一起的呼吸方式。首先轻轻吸气，腹部区域涨起，继续吸气，腹部回收，横膈膜向上抬起，吸气吸满胸腔，从腹式呼吸过渡到胸式呼吸。当吸气吸到双肺的最大容量时，腹壁和肋骨下部向外推出，胸部只有些微移动。呼气，按相反的顺序，先呼出胸腔中的气体，再把腹腔的气体呼出，横膈膜下沉，尽量把气吐尽。整个呼吸过程自然顺畅，富有节奏，就像一个波浪轻轻从腹部波及胸膛中部进而波及胸膛的上半部，然后减弱消失。

5.3.2 瑜伽的基本姿势

1. 肘部练习

① 挺直身躯站立，两臂垂于体侧，两脚并拢，自然呼吸。两臂向前伸出，与地面平行，掌心朝上。两肘弯曲，手指轻拍肩头，再把双臂向前伸直，重复动作，如图 5-23 所示。

② 将两臂向两侧伸出，同样在肘部弯曲双臂，重复动作，如图 5-24 所示。

图 5-23 肘部练习一

图 5-24 肘部练习二

2. 蹬自行车式

① 背部贴地仰卧，两腿伸直，两手臂放在体侧，掌心向下，自然呼吸。屈膝抬高两腿，身体其他部位平放于地面，做蹬自行车的动作，如图 5-25 所示。

② 前蹬数圈后，稍停，然后开始向后蹬。后蹬数圈后两腿并拢，两脚同时向前做数圈蹬车动作，如图 5-26 所示，然后再同时向后蹬数圈。

图 5-25 蹬自行车练习一

图 5-26 蹬自行车练习二

3. 顶峰式

跪坐于地，臀部落于两脚跟上，两手放于大腿上，自然呼吸，放松全身。上身躯干前俯，两手掌心在膝盖前方撑地，与肩同宽，抬高臀部，两手两膝着地，跪在地板上。吸气，两腿伸直，膝盖打直，脚后跟密贴于地，将臀部升高，放松颈部，头部自然下垂处于两臂之间，身体呈倒 V 状。自然呼吸，保持这个姿势约 1 min，如图 5-27 所示。呼气，逐步还原到最初的跪坐姿势。重复这一动作 3～5 次。

4. 莲花坐

正坐，双腿伸直。弯曲左腿，双手抓左脚，把它放在右大腿根部，脚心朝上，脚跟放在肚脐区域下方，触及骨盆。弯曲右腿，双手抓起右脚，扳过左小腿上方，放在左大腿根部，脚心朝上。脊柱伸直，两膝平放于地面，保持姿势，如图 5-28 所示。还原，按摩膝盖和脚踝。交换双腿位置，重复做。

图 5-27 顶峰式

图 5-28 莲花坐

5. 平衡式

全身放松，自然呼吸。右腿笔直站立，左腿自膝盖处弯曲，上抬左脚跟至紧贴臀部，脚尖朝上。左手抓住左脚。右臂伸直，手指并拢，自下而上慢慢抬起右臂，直至高举过头，掌心向前，身体平直，自上而下成一条直线，如图 5-29 所示。保持 10～20 s，右臂缓慢放下，手掌始终保持绷紧，左手松开，左腿落地。休息 10 s，换另一侧肢体继续练习。每侧各练习 3～4 次。

6. 船式

仰卧在地面上，两脚并拢，两臂置于体侧，手心向下，自然呼吸。吸气，双臂、双脚、上身躯干、头、颈同时提起，头部和双脚离地约 0.3 m，双臂向前伸直，同地面平行，双腿同时用力伸直。闭气，全身绷紧，两眼注视脚尖，保持 20～30 s，如图 5-30 所示。把双腿、躯干放回地面，缓缓呼气，全身放松，还原到预备姿势，重复练习 3～5 次。

图 5-29　平衡式

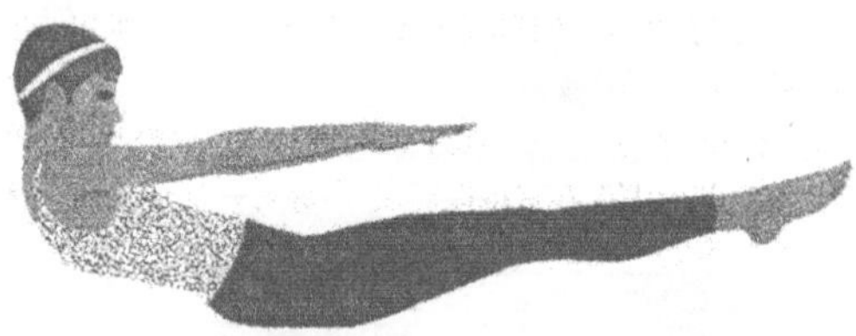

图 5-30　船式

7. 向太阳致敬式

挺身直立，放松，两脚并拢，两掌在胸前合十，全身正直，目视前方，自然呼吸。缓慢而深长地吸气，双臂举向天空，两手食指相触，掌心向前，两臂和背部向后弯，两腿、两臂都伸直，如图 5-31（a）所示。

呼气，上身躯干和双臂向前沿弧形向地面弯曲，两手保持平行。用双掌或两手手指触及地板，不可弯曲双膝。屏住呼吸，身体上肢（腰部以上）自然放松，下肢（腰部及以下）保持笔直。头部自然垂于两臂之间。保持姿势 6～8 s，如图 5-31（b）所示。

两掌和右脚保持不动，缓缓吸气，同时把左脚向后伸展，头部后仰，胸部前挺，背部成为凹拱形，如图 5-31（c）所示。

缓缓呼气，右脚向后滑动，使两脚靠拢，两脚脚跟提起，臀部向后上方拱起，两臂和两腿伸直，两掌和脚尖支撑地面，使身体如同一个三角形，如图 5-31（d）所示。

吸气，臂部向下向前放落，直至两臂与地面垂直。蓄气不呼，弯曲两肘，膝盖着地，胸膛向地板放低，略高于地面。缓缓呼气，胸部向前移动，直到腹部、大腿依次触及地面。吸气，同时两臂缓缓伸直，上身从腰部向上升起，背部成凹拱形，头部向后仰起，如图 5-31（e）所示。

呼气，臀部升高，还原到图 5-31（d）所示的姿势。吸气，双掌和右脚稳稳着地，左腿弯曲，左脚向前移动，放在两手靠后的地方。头部后仰，胸部前挺，脊柱再次呈凹拱形，如图 5-31（f）所示。

缓缓呼气，两掌支撑地面，将右脚抬起放在左脚边。头部垂下，双膝伸直。吸气，缓缓抬高身躯，两臂和背部向后弯。

呼气，还原到直立姿势。充分休息，重复练习 3～5 次。

（a）　（b）　（c）

（d）　（e）　（f）

图 5-31　向太阳致敬式

第六章 休闲运动

休闲运动的特点是让大众在锻炼身体的同时，增进亲人、朋友之间的感情，培养自己的兴趣爱好，体会生活的趣味。

要点提炼：

1. 台球的基本技术。
2. 轮滑的基本技巧。
3. 攀岩运动的装备与基本技术。
4. 定向越野的基本技术和竞赛规则。

6.1 台球

本节介绍台球的种类、设施，讲解台球的身体姿势、握杆、架杆、运杆、出杆等基本技术。

6.1.1 简介

台球也叫桌球，起源于英国，迄今已有五六百年的历史。

台球的种类众多，一般可分为有袋式和无袋式两大类。就地区划分，台球可分为英式台球、美式台球、法式台球。其中英式和美式属于有袋台球，法式属于无袋台球。按规则和打法分类，台球又可分为斯诺克台球、8 球、9 球等。目前较为常见的是斯诺克台球和美式台球。

台球的设施由 3 部分组成：球台、球和球杆。

① 球台通常由坚硬的木材制成，台面一般以三四块石板铺成，上面铺一层绿呢绒。球台形似长方形会议桌，包括置球点、内区、外区、底袋、中袋、顶袋、开球区。

② 球是由塑胶制成的实心球。以斯诺克台球为例，双方共用一只白球，另外使用 21 个目标球。其中红球 15 个，每个分值为 1 分；彩球 6 个，黄球 2 分，绿球 3 分，棕球 4 分，蓝球 5 分，粉球 6 分，黑球 7 分。

③ 球杆由杆体、杆头、皮头构成，按用途大致可分为斯诺克杆和美式九球杆。球杆的长短和重量没有统一的规定，但一般不短于 91 cm。

6.1.2　基本技术

1. 身体姿势

两脚约齐肩宽站立，左腿向前微屈，右腿伸直（见图 6-1）。两脚要避免张得太开，或太过于靠拢，要使重心平稳，身体的姿势自然、轻松。

握杆时手腕放轻松，虎口朝下，四指微握，手臂弯曲约成 90° 角（见图 6-2）。击球前要使握杆、架桥、母球及目标球成一直线，然后开始平稳地抽打动作，以预备击球。球杆必须在脸部（下巴）正中心的正下方，架桥、下巴、握杆三点成一条直线（见图 6-3）。

图 6-1　身体姿势 1

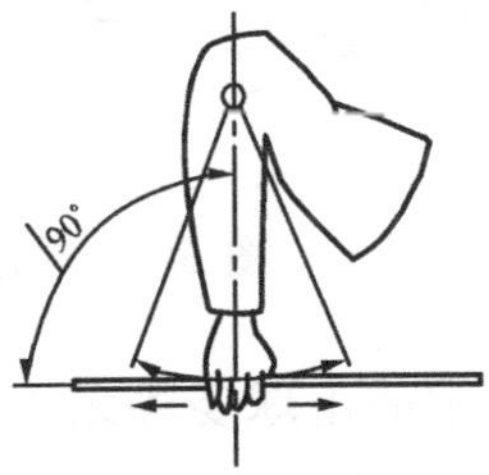

图 6-2　身体姿势 2

图 6-3　身体姿势 3

2. 握杆

握杆的姿势正确与否直接影响到出杆的好坏。正确的握杆姿势：手腕自然下垂，拇指、食指和中指在虎口处用轻力握住球杆，其余 2 个手指要虚握（见图 6-4）。

3. 架杆

架杆指用手或杆架给球杆一个稳定支撑（架桥），对杆头在主球的击球点进行调节。一般情况下，都是用手给球杆做支架。常见的架杆方法有以下两种。

（1）平背式

先将整个手掌放在台面上，将拇指以外的四指分开，手背稍微弓起，拇指翘起和食指的根部相贴形成一个“V”形夹角，球杆放在“V”夹角内（见图6-5）。架杆手的掌根、小拇指、食指以及拇指处大鱼际部位要充分地贴住台面，切勿使架杆向左侧或右侧翻起，以确保架杆的稳定。平背式架杆方法常用于斯诺克台球。

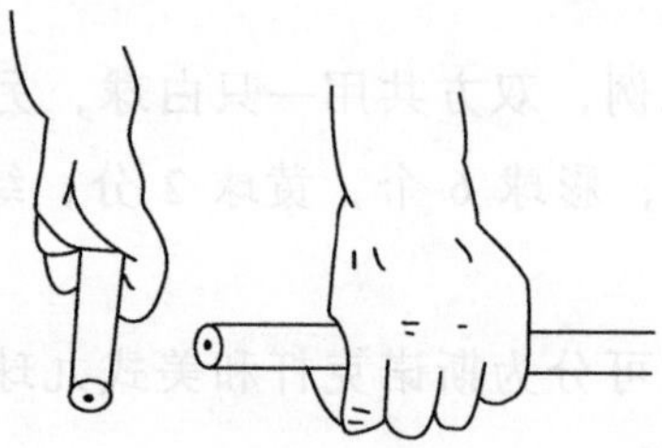

图 6-4　握杆

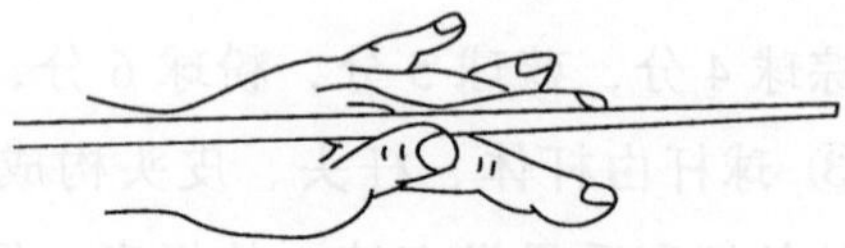

图 6-5　平背式

（2）凤眼式

左手指张开，指尖微向内弯曲，用拇指和食指扣成一个指环，并与球杆成直角，掌根和中指、无名指、小指构成稳定支撑，如图6-6所示。凤眼式架杆方法多用在开伦台球、美式台球中。

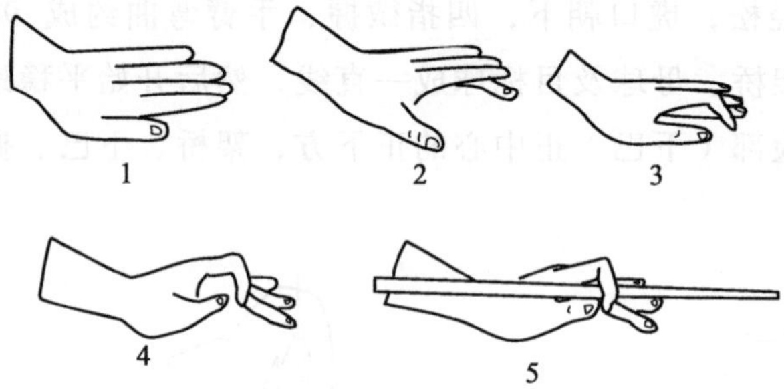

图 6-6　凤眼式

当主球远离台边，用正常的击球姿势无法击打主球时，就必须使用杆架。运用杆架时，选手身体应适度前倾，手持球杆的尾部，拇指在下，食指、中指在上夹住球杆，无名指、小指自然弯曲，另一只手将杆架整体放在台面上，用手按住以防运杆、出杆时杆架晃动。

4．运杆

运杆指击球前的瞄视准备动作。在击主球前，选手都会有一个运杆的过程，这个过程可分解为后摆和暂停。

（1）后摆

后摆的幅度大小取决于需要的击球力量，在肌肉用力相同时，后摆幅度大，球杆击球力量也大。后摆动作要做到“稳”和“慢”，以保证出杆的平直。

（2）暂停

暂停是在出杆前的一个短暂的暂停，以此保证平稳出杆。

运杆时，要求选手身体保持稳定，持杆手的手臂进行前后运杆，运杆时应尽可能使球杆平直运摆。运杆的目的是获得击球的准确性，运杆的次数不宜太多。

5. 出杆击球

出杆击球是台球击球动作结构中最重要的环节，决定最终击球的效果。出杆击球是在后摆停顿后完成的动作：以肘关节为轴，前臂向前送出，触击球瞬间，根据击球的需要，控制手腕力量，避免由于过分抖动手腕造成击球的不准确；出杆时，肩部和身体不要用力，出杆动作要果断、清晰。

6.1.3 斯诺克台球的竞赛规则

1. 开球

斯诺克台球球台内沿长 350 cm，宽 175 cm，高 85 cm。斯诺克台球共用 22 颗球，其中 15 颗红球、6 颗彩球、1 颗白球（主球）。台上半圆形区域为开球区。开球前，双方可以通过抛硬币来决定谁先开球。开球一方，可将白球摆在开球区的任何位置，每次击球后，白球停在什么位置，就必须接着由什么位置打起。打球方必须先打入一颗红球后，才能任选一颗有利的彩球打。打进彩球后，需取出彩球重新摆回自己的定位点。然后再打红球，打进红球后再打彩球，如此反复，红球全部入袋后，必须按照从低分值球到高分值球的顺序打彩球，即黄、绿、棕、蓝、粉和黑球。此时打进的彩球，不再拿出，直至所有彩球入袋，台面上剩下白球，比赛宣告结束。

2. 胜负判定

从开球到所有球被击打入袋的过程称为一局。打球过程中，如果一方未能一杆全收，或者打了一个违规球，则击球权让于另一方。一场比赛可约定打一局、三局、五局、七局决定胜负。世界职业锦标赛决赛是打 35 局。如果结束时，双方平分，传统决定胜负的方法是将黑球摆在黑球位上，白球摆在开球区，双方通过抛硬币，决定谁先打，先将黑球打入者为胜方。每局的胜负由双方积分多寡决定，分值高者为胜方。得分有两种途径：一是靠进球，二是通过对方失误罚分。打入红球得 1 分，打入黄球得 2 分，打入绿球得 3 分，打入棕球得 4 分，打入蓝球得 5 分，打入粉球得 6 分，打入黑球得 7 分。

3. 犯规行为

斯诺克规则规定，未遵守下述规则，属犯规行为，当处罚分。

① 打红球时，如果白球未能撞到任何红球——空杆，则要罚 4 分；如果白球误撞了彩球，则按照该彩球的分数罚分，但是最少罚 4 分。

② 打彩球时，如果未能打到要打的彩球，按照此彩球的分数罚分。如果误撞了更高分的彩球，则按照高分罚分，最少罚 4 分。

③ 进红球后，打彩球前，如果要打的彩球不能明显看出来，则必须要声明击打的是哪个球，否则自动罚 7 分。

④ 如果误将白球击入袋，最少罚 4 分，或者按照白球进袋前最先碰到的最高分数球罚分。白球入袋后，接着打的一方可将白球摆在开球区的任意位置击球。

罚分不从受罚方的分中扣减，而是加入对方的得分中。

下列行为也属犯规：①将球打落台面；②击球方双脚同时离地击球；③白球跳过中间球击打目标球；④台面上的球被球杆击球端以外的任何物品或击球方身体任何部位碰到；⑤在出杆时，球杆连续击白球两次以上；⑥球杆、白球和目标球同时接触。

6.2 轮滑

本节介绍轮滑的起源、装备、比赛类型等，阐述轮滑的站立、滑行、停止等基本技术。

6.2.1 简介

轮滑也叫“溜旱冰”，是从滑冰运动演变而来的。最初一位荷兰的滑冰运动员，为了在自然冰融化的情况下继续训练，尝试把木线轴安在皮鞋下，在平坦的地面上滑行。轮滑鞋经过不断改进后终于可以使用。从此轮滑在欧洲兴起。

1884 年，英国首次举办了全国轮滑锦标赛。1892 年，国际轮滑联盟成立，轮滑向正规化、国际化进一步发展。国际轮滑联合会于 1924 年成立，现在总部设在西班牙的巴塞罗那。1936 年首届世界轮滑球锦标赛在德国举办。

轮滑比赛主要有速度轮滑、花样轮滑和轮滑球等项目。

① 速度轮滑：分为场地跑道比赛和公路比赛两种。

② 花样轮滑：分男女单人滑、双人滑、舞蹈。比赛场地为 50 m×25 m 的长方形，规定图形的圆圈直径一般为 5 m 或 6 m。

③ 轮滑球：比赛双方各 5 人上场竞技。比赛上下场时间各为 20 min，中间休息 5 min。每个队员只能用球杆接球、传球、带球、射门，不准用身体接触球和冲撞，

不准有野蛮动作。

从此，轮滑在世界各国得到迅猛的发展，并真正走上轮滑竞赛的道路。

6.2.2　轮滑装备

轮滑的装备主要有轮滑鞋和护具。

1. 轮滑鞋

① 竞速轮滑鞋：通常用于专业选手参加轮滑竞赛。竞速轮滑鞋一般为 5 轮鞋，为了减轻负载及充分发挥脚踝力量，鞋帮都比较低，鞋身采用全皮，一般不装制动器。轮子直径多为 76～80 mm。其特点是重心较低，以便在滑行中求稳。

② 休闲轮滑鞋：用于一般休闲和健身活动。休闲轮滑鞋一般由 4 个轮子排成一线，轮子后方装有制动器，鞋的刀架和鞋为一体，鞋壳如果太软有可能造成脚踝扭伤。

③ 特技轮滑鞋：用于特技轮滑，如在跳板、滑杆或“U”形滑道上做特技动作。特技轮滑鞋一般为 4 轮直排，多采用系带加扣式，这样选手在做特技时不会因鞋扣松开发生危险。特技轮滑运动中经常有跳跃等动作，因此鞋强调底座厚实、抗冲击性较强，鞋体内套包覆性较强，以防止运动中的伤害事故。特技轮滑鞋的轮子通常较小，直径一般为 47～62 mm，形状较宽而平，以使落地动作更平稳，也便于滑动。

④ 花样轮滑鞋：4 轮双排，用于花样轮滑或表演。花样轮滑鞋的 4 个轮子排成两排，前后各两个，且前后两个轮子间距略宽于脚，鞋尖前下方装一个制动器。

⑤ 轮滑球鞋：用于轮滑球运动。轮滑球鞋是专为轮滑球运动设计的，采用一次成型无内套的鞋体，使脚与鞋贴合更紧密，以利于选手在轮滑球运动中快速前进、转弯、射门等。轮滑球鞋材质以皮质为主。

2. 轮滑护具

轮滑护具一般有头盔、护肘、护腕、手套、护膝等。当练习者在进行轮滑练习时一旦出现跌倒或撞击事故时，护具能将冲击力量加以分散、缓冲和吸收。护具的选用可根据练习者自身的轮滑技术水平和练习的技术动作而定。

6.2.3　基本技术

1. 站立

（1）丁字站立法

前脚后跟卡住后脚的弓处，两脚成丁字形，上体稍前倾，两膝微屈，重心稍偏于后脚上，如图 6-7 所示。

（2）八字站立法

两脚后跟靠紧，两脚尖自然分开，上体稍前倾，两膝微屈，两臂自然下垂于体侧，重心落在两脚中间，如图 6-8 所示。

（3）平行站立法

两脚平行分开，约与肩同宽，两脚尖稍内扣，膝部稍屈，上体稍前倾，重心落在两脚尖中间，如图 6-9 所示。

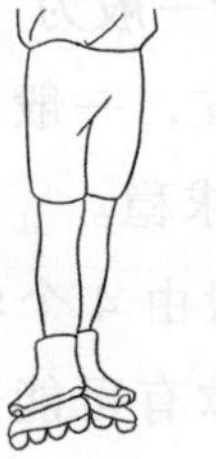

图 6-7　丁字站立法

图 6-8　八字站立法

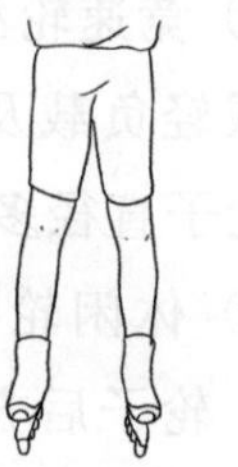

图 6-9　平行站立法

2. 滑行

（1）单蹬双滑

单蹬双滑是指单脚蹬地、双脚向前滑行的一种滑行方法。练习时左脚在前成“丁”字步站立，膝部弯曲，以右脚内侧轮向身体侧后方蹬地，左脚尖外撇向前滑出，此时重心随之移至左脚，同时右脚自然收至左脚旁成双足着地向前滑行。然后，左右脚交替蹬地进行练习。

（2）交替单蹬单滑

交替单蹬单滑是两脚交替蹬地、两脚交替单足向前滑行的一种滑行方法。左脚在前，成“丁”字步站立，以右脚内侧轮向身体的侧后方蹬地，左腿屈膝向前滑出，重心逐渐移至左腿成单足支撑滑行。然后，再以左脚内侧轮蹬地，右脚单足支撑向前滑行，重复交替进行。

（3）前滑压步转弯

左转弯时，右脚内侧轮蹬地，左脚以外侧轮着地并向前滑出，滑行一段后，右脚内侧轮蹬地向前超越左脚在左前侧落地滑出，此时重心移至右脚内侧轮上。同时左脚用外轮在右后侧蹬地，蹬后前移至左前侧，支撑滑行。右转弯与左转弯动作相同，方向相反。

（4）葫芦形后滑

两脚稍稍分开，平行站立，开始脚尖稍向内，两腿弯曲，用两脚内刃向前蹬地，同时两脚跟向两边分开，向后外滑至两脚稍宽于肩时，两脚跟内收靠拢，恢复至开始姿势，随后重复上述滑行动作，两脚一开一合向后滑行。

（5）蛇形后滑

两脚成内八字，用右脚内刃蹬地，身体重心移向左侧，成左脚向后滑行。右腿在体前伸直，随即右脚放在左脚内侧，恢复开始的姿势。然后再用左脚蹬地，身体重心移向右侧，成右脚向后滑行。左腿在体前伸直，随即左脚放在右脚的内侧。然后依次重复上述动作。

3. 停止

（1）正中切法

重心放低，双脚平行，把有制动器的那一脚向前推出，脚尖微向上，让制动器磨擦地面逐步停止。

（2）转弯减速法

利用惯性转弯消耗滑行的速度惯性，逐渐减速直至停止。

（3）丁字停止法

单脚向前滑行时，浮足在滑行脚的后跟处成丁字形放好，使浮足的轮子横向与地面摩擦，减缓滑行，直至停止。

（4）侧向停止法

在向前滑行时，两脚和上体同时向顺时针（或逆时针）方向急转 90°，上体向前进的反方向倾斜，两腿弯曲，使滑轮横向摩擦急停。这是一种难度较高的方法，初学者慎用。

6.3　攀岩运动

本节概述攀岩运动的发展历程，介绍攀岩装备，详细讲解攀岩的基本方法。

6.3.1　攀岩运动的概述

攀岩运动是除安全保护装备，不使用任何工具，仅靠手脚和身体的平衡，采用各种方法攀登岩石峭壁或人造岩墙的极限运动。它是从登山运动中衍生而来的，融健身、娱乐、挑战和竞技于一体，被誉为“峭壁上的芭蕾”“勇敢者的游戏”。

攀岩运动的特点是惊险刺激，能充分满足人们回归自然、挑战自然、战胜自我的渴望。它需要攀登者具备良好的身体素质与过硬的心理素质，即协调灵敏的体格、勇敢坚韧的意志、准确果断的决断。

攀岩运动迄今已有 100 多年的历史。1865 年，英国登山家埃德瓦特首次使用钢锥、铁链和登山绳索等简易装备，成功地攀上险峰。20 世纪中叶，攀岩从军事训练项目逐渐发展为难度较大的竞技运动。1948 年，苏联举办了首届攀岩锦标赛，这是世界上第一次攀岩比赛。20 世纪 80 年代起，攀岩运动在世界范围内迅速推广。1989 年，首届攀岩世界杯赛举行。1992 年，攀岩被首次列入奥运会表演项目。

6.3.2 攀岩运动的装备

攀岩运动的装备主要有两个功能：一是成为攀岩运动（尤其是自然岩壁攀登）的安全保障，二是使攀登者的表现更出色。下面是 8 种常用的装备。

① 安全带：人与装备的连接枢纽，应便于与绳子连接，使攀登者更加舒适、安全。

② 主绳：一般为 9～11 mm，可分为动力绳和静力绳。动力绳的弹性系数较高，是各种攀岩活动的主要用具；静力绳的延展性较小，一般用于下降和探洞。

③ 铁锁：可自由开合的金属环状物，连接攀岩绳、支点等各类保护或攀登装备，主要用于攀登全过程的自我保护。铁锁闭合时能承受的拉力约是开启时的 3 倍。挂上铁锁后，要将其开口翻至向下并朝外，或者向下并朝向攀登者，铁锁开口若朝岩面，易被摩擦或碰撞而意外开启导致危险。

④ 头盔：能有效防止高空落石及意外坠落带来的头部伤害。

⑤ 下降器：普遍使用八字环下降器。

⑥ 攀岩鞋：鞋底采用特殊橡胶，极大地增加了摩擦力，可以节省较多体力。攀岩鞋应选择较小号的，鞋越紧脚，发力时越稳固。

⑦ 镁粉：能够吸收手上的汗液和岩壁表面的水分，增大摩擦力，防止打滑。

⑧ 岩钉：金属材料制成的保护器械，一头是楔形，通过敲击楔进岩缝提供保护力；另一头为环状，可连接铁锁等。

其他装备，如悬挂式帐篷、小刀、打火机等用具，可视活动类别、时间长短和个人需要选择携带。

6.3.3 攀岩运动的基本技术

1. 攀岩手法

在攀岩运动中，手的作用是使身体贴近岩壁并向上运动。根据支点上突出（凹陷）的位置和方向，手要采用不同的用力方法，如抓、抠、扒、捏、拉、推、压、撑、攥、握等。

① 抓（拉）：抓住前上方牢固支点，用力上拉引体向上。在岩石棱角很小或台阶很浅的情况下，要弯曲手指的前两个关节，勾住棱角或台阶，如图 6-10 所示。攀登中手指的作用十分重要，平常应多做手指练习，如指卧撑、提捏重物等。抓还有其他

两种方式，一是以前手掌抓住岩石，如图 6-11 所示，二是用全手握住凸起的岩石，如图 6-12 所示。

图 6-10 攀岩手法 1

图 6-11 攀岩手法 2

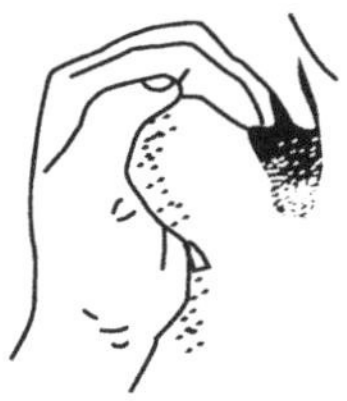

图 6-12 攀岩手法 3

② 抠（扒）：用手抠（扒）住岩石的棱角、缝隙和边缘。当岩石裂缝极为狭窄时，可将四指并拢相对横卧插入裂缝。

③ 撑（推）：利用台阶、缝隙或其他地形，以手掌和手臂的力量使身体移动。当岩石裂缝较大足以伸直手掌时，可根据裂缝大小调整手形，如使大拇指贴进手掌，或握拳，如图 6-13 所示。若岩石缝足以插入手臂，但人体无法进入时，则可根据裂缝的宽窄将胳膊伸展或稍做弯曲，形成支点，如图 6-14 所示。

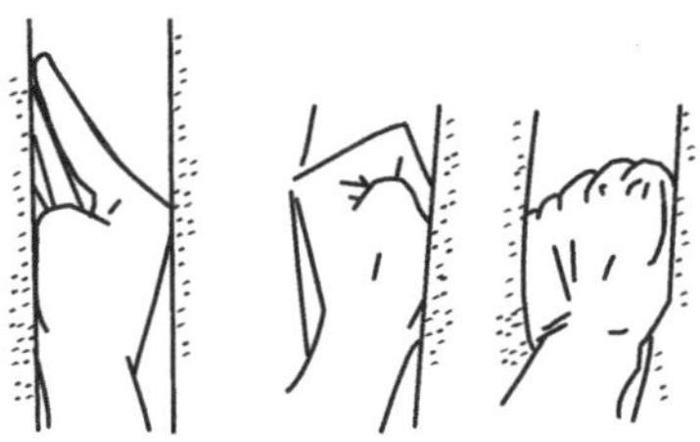

图 6-13 撑（推）1

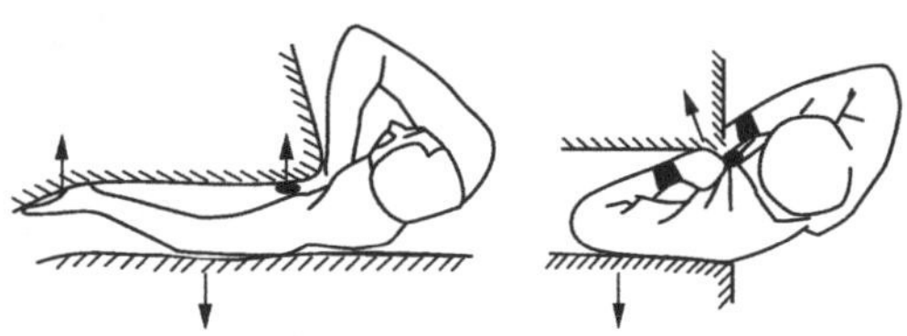

图 6-14 撑（推）2

攀登路线较长时，两手可轮换休息。选择无仰角或仰角较小，且手部支点较大的地段，双脚踩稳，手臂拉直，上体后仰，腰部前顶，使下身贴近岩壁，同时体重压于脚部，进行抖手、活动手指等手部放松动作，并擦抹镁粉。

2. 攀岩脚法

腿部的负重能力、爆发力、耐力均较强，攀岩时要充分利用腿脚力量。根据支点不同，脚部的攀登动作主要包括蹬、跨、挂、踏等。

① 蹬：用前脚掌内侧或脚趾的蹬力把身体支撑起来，减轻上肢负担并借助这一力量移动身体。攀岩中常用的高步技术便采用了蹬力，如图 6-15 所示。一只脚用作支点踩至腰部附近，折起大腿，用立下蹬，即可将下半身向上推动。

② 跨：充分利用自身柔韧性，避开难点，寻求有利的支撑点。攀岩中常用的后跟挂技术便是运用了跨力，如图 6-16 所示。下身无处可踩时，一条腿上抬，以脚后跟锁住上面的岩石，进而拉动身体。

图 6-15　蹬

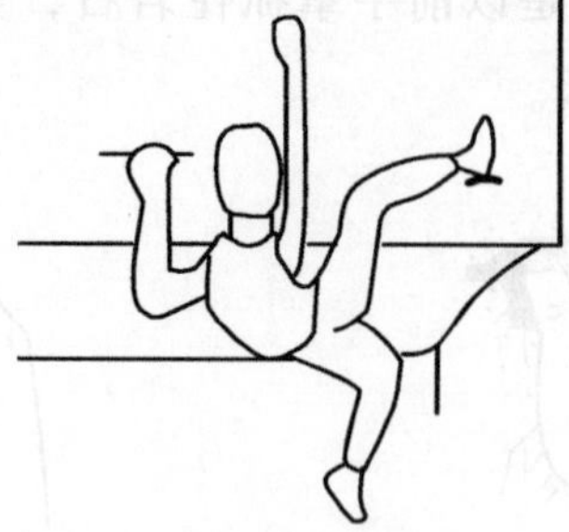

图 6-16　跨

在攀爬过程中，双脚需根据裂缝的形状、方向及大小采用不同的动作。遇直角裂缝时，脚趾应高于脚跟且向下用力（见图 6-17）；遇纵向裂缝时，应注意调整插入脚的位置，使其能紧紧地卡在岩石缝中，以便用力（见图 6-18）。

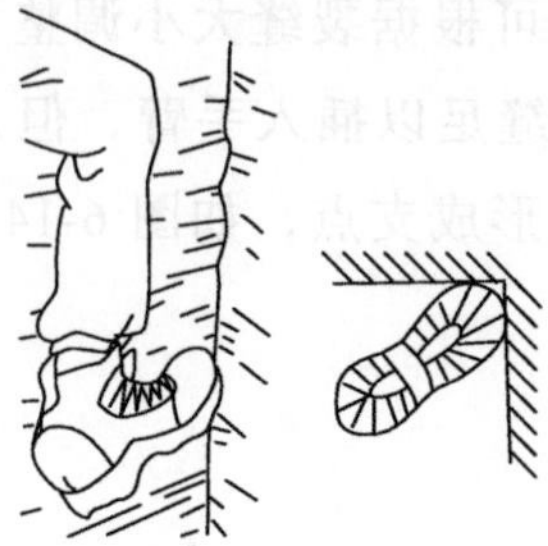

图 6-17　跨方法 1

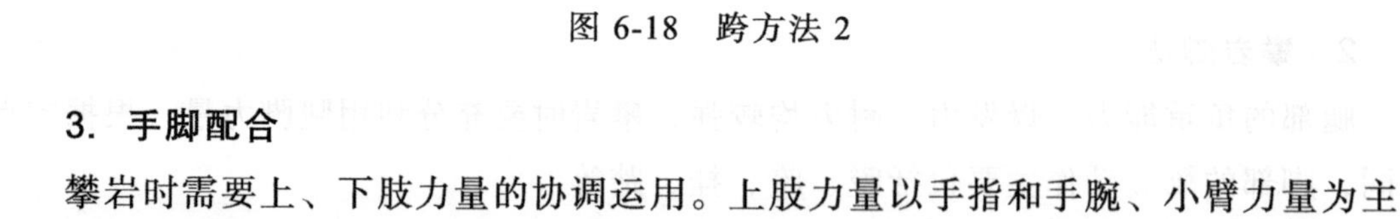

图 6-18　跨方法 2

3. 手脚配合

攀岩时需要上、下肢力量的协调运用。上肢力量以手指和手腕、小臂力量为主，下肢力量由脚腕、脚趾及腿部力量等组成。在攀登过程中，上肢多发挥引体作用，下肢施以蹬压抬腿，从而移动身体。

一般而言，上肢力量相对有限，应主要使用下肢力量。但若上肢力量太差，攀登时就会手臂无力，继而酸疼麻木，甚至失去抓握能力，即使下肢力量充分，也难以维持身体平衡继续前进。所以，攀登者对手脚力量的锻炼应同样重视，切忌重此轻彼。

4. 三点固定攀岩法

攀登时，攀岩者的双手和双脚构成人体的 4 个支撑点（以下简称支点），移动一只手或一只脚时，其余 3 个支点需保持固定状态以保证身体的平衡。简而言之，攀登运动的技术要领就是“三点固定”，即在 3 个支点稳定牢固的前提下才能移动第 4 个支点（见图 6-19）。

图 6-19 攀登的技术要领

（1）身体姿势

攀登时，三点稳定支撑，根据岩壁陡缓的程度使身体和岩壁保持一定距离（以便于观察路线、选择支点为宜），上、下肢要协调舒展，上拉、下蹬要同时用力，身体重心应落在脚上，面向岩壁，形成直立向上的攀登姿势。

（2）腿脚动作

腿部力量是影响攀登技术的关键。正确的下肢姿势：两腿外旋微曲，大脚趾内侧靠近岩面，膝部不能触岩，注意控制力度和施力方向。

此外，要尽可能地使全脚掌踏在岩石棱角或小台阶上。若落脚点成斜坡状等，要根据其形状恰当下脚。

（3）手臂动作

在攀岩过程中，手臂力量的大小直接影响攀岩的质量和效果。因此，攀登者应具有足够的指力、腕力和臂力。

6.3.4 攀岩运动的竞赛规则

1. 难度攀岩

难度攀岩是以攀岩路线的难度来区分选手成绩优劣的攀岩比赛。比赛结果是以在规定时间里选手到达的岩壁高度来判定的。在比赛中，选手下方系绳保护，带绳向上攀登并按照比赛规定，有次序地挂上中间保护挂索。比赛岩壁高度一般为 15 m，线路由定线员根据参赛选手水平设定，通常屋檐类型难度较大。

2. 速度攀岩

速度攀岩如同田径比赛里的百米比赛，充满韵律感和跃动感，选手按照指定的路线，以时间区分优劣。

3. 抱石比赛

抱石比赛线路短小，但难度较大，需要选手具备较好的爆发力和柔韧性。比赛设置结束点和得分点，选手抓住得分点并做出一个有效动作得分，双手抱住结束点 3 s 得分。抱石比赛一般设有 4～6 条线路，每条线路时间为 5 min。判定名次首先看结束点的多少，如果结束点同样多则看得分点数量，最后看攀爬次数。

6.4 定向越野

本节概述定向越野的分类，竞赛规则以及定向越野的基本技术。

6.4.1 分类

定向越野运动按运动形式的不同可分为徒步定向、山地车定向、轮椅定向、滑雪定向 4 种，其标志如图 6-20～图 6-23 所示。

图 6-20 徒步定向标志

图 6-21 山地车定向标志

图 6-22 轮椅定向标志

图 6-23 滑雪定向标志

1. 徒步定向

徒步定向运动按场地的不同，可以分为野外定向、公园定向、校园定向、大院（机关）定向、军营定向等。按活动时间的不同，可以分为白天定向、夜间定向、多日定向等。

2. 山地车定向

定向越野中，高超的山地车技巧是应付陡坡的必备条件。出于环保考虑，运动员不能离开规定的线路。山地车定向从 2002 年起每隔两年举行一次世界锦标赛。

3. 轮椅定向

轮椅定向是专为伤残人士特别设计的定向运动形式。它既可以让乘坐轮椅的人们加入定向越野运动的行列中，又可以供新手进行定向越野运动基本技术的训练。首届轮椅定向世界杯赛于 1999 年举行。

4. 滑雪定向

滑雪定向在东欧国家十分流行，其选手需要使用滑雪装备（非机动的）。供比赛用的滑道则使用摩托雪橇开辟。许多世界高山运动员、越野运动员和速度滑雪选手同时又是滑雪定向的高手。

6.4.2 竞赛规则

1. 竞赛种类

（1）日间定向竞赛

首批运动员应在日出后 1 h 出发；最后一批运动员最迟应在日落前预计完成全赛程时间的 1.5 倍时间出发。

（2）夜间定向竞赛

首批运动员应在日落后 1 h 出发；最后一批运动员最迟应在日出前预计完成全赛程时间的 2 倍时间出发。

（3）日夜交替定向竞赛

① 竞赛设两条路线，一条在白天进行竞赛，另一条在夜间进行竞赛。

② 竞赛在夜间出发，完成竞赛时已是白天；竞赛在白天出发，完成竞赛时已是夜间。

2. 竞赛形式

（1）个人竞赛

运动员独立完成竞赛，包括速度赛、短距离赛、准距离赛、积分赛等。

（2）接力竞赛

接力队须有 2 名或 2 名以上运动员，每名运动员像个人赛一样独立完成一个赛程，成绩取决于每一运动员正确完成单个赛程的时间总和。

（3）多日竞赛

在多日竞赛中，运动员的个人成绩是每日竞赛成绩（时间、名次或得分）的总和。

（4）小组竞赛

每组有 2 名或 2 名以上运动员，同组运动员须同时出发完成竞赛。

3．竞赛分组

（1）按性别分组

男子组（代号为M），女子组（代号为 W）。

（2）按年龄段分组

儿童组（8～11 岁）、少年组（12～15 岁）、青年组（16～18 岁）、大学组（17～26 岁）、成年组（男子，19～40 岁；女子，19～35 岁）、中年组（男子，41～55岁；女子，36～50岁）、老年组（男≥56岁，女≥51岁）。

注意：运动员在同一场竞赛中，只能参加一个组别的竞赛。

（3）按其他原则分组

① 按路线的难易程度和运动员的技能，可将同一组别再细分。代号为 A（最难）、B（较难）、C（容易）和 D（最易）。

② 同一年龄组别和级别，因参加人员过多可划分为相同标准的几个小组进行竞赛。例如，M成—A1，M成—A2，M成—A3，代号为 1、2、3。

注意：① 青年组、中年组的运动员可以选择到成年组参加竞赛，儿童组和老年组的运动员只能在本组进行竞赛。

② 精英组其竞赛代号为 E，不受年龄限制，但参赛的资格必须经过中国定向运动协会确认。

4．出发

出发地点的选择，应使运动员在出发前看不到前一名运动员所选择的行进路线，也应使已到达终点的运动员无法与待出发运动员取得联系，起点处应有明显的起点标志牌或横幅。

5．终点计时

① 通向终点的跑道，可用两条带彩旗的绳子引导，并向终点线逐渐收拢，绳长50～100 m，终点线宽 3 m，并应与终点方向垂直。

② 终点处应有比较明显的标志牌或横幅，运动员在远处就能看见终点的位置。

③ 运动员通过终点后即竞赛结束，不得以任何理由再次进入竞赛区域。

④ 运动员到终点时应立即将指卡插入终止器中，表示计时结束，然后打印成绩。

6. 名次排列

依据运动员完成全赛程的时间先后排列名次。如有两名以上的运动员取得相同的成绩，则他们的名次并列，空出下一名次。

7. 犯规与处罚

（1）给予警告处罚

① 代表队成员擅自出入预备区，但未造成后果。

② 在出发区提前取图和抢先出发者。

③ 在比赛区域内蓄意帮助或获取他人帮助，但未造成后果。

④ 在赛中妨碍裁判员正常工作。

⑤ 完成赛事者以任何形式向其他运动员传递赛场信息。

⑥ 出发后未到终点报到者。

⑦ 一次检录不到者。

⑧ 未按大会要求佩戴比赛标志者。

（2）判运动员成绩无效

① 受到两次警告者。

② 在比赛中丢失检查卡、地图、号码布。

③ 因各种原因退出比赛者。

④ 竞赛中超过组委会规定的终点关闭时间。

⑤ 未按规定读取成绩者。

⑥ 未通过全部检查点，即检查卡片上打印器图案不全者。

⑦ 检查卡打印器图案模糊不清，无法辨认者。

（3）取消竞赛资格

① 冒名顶替参加竞赛者。

② 在定向越野竞赛中使用交通工具者。

③ 不符合分组年龄标准或谎报年龄、弄虚作假者。

④ 蓄意破坏点标、打卡器或其他竞赛设备者。

⑤ 有意妨碍他人竞赛者。

（4）视为作弊，取消比赛成绩

① 有证据表明在竞赛前勘察过竞赛场地者。

② 接受别人帮助，如指路、寻找检查点等。

③ 为别人提供帮助，如指路、寻找检查点等。

④ 故意在竞赛中与对手同跑或跟进者。

⑤ 竞赛未结束，运动员到达终点后，再进入赛区。

⑥ 一个代表队中两人次有作弊行为，取消该队全队成绩，并上报中国定向运动协会。

6.4.3 基本技术

通常情况下，定向越野比赛区域内可能存在道路、草地、上坡、下坡、高低不平地、树林及不同的障碍等各种通道和地形地貌，要在不同的条件下，提高奔跑的效率，就应该采用与之相适应的奔跑技术。

1. 平路跑

运动员在定向越野跑中，若行进路线中有较平坦的道路，应采取与马拉松式或中、长距离跑基本相同的技术。

2. 草地跑

运动员在定向越野跑中，若行进路线上有草地小路，应尽量用全脚掌着地，并随时注意观察面前的路面，避免陷进坑洼或被草丛中的石块、枯枝碰伤腿脚。

3. 上坡跑

运动员在定向越野跑中，若行进路线上遇到上坡道路，应上体前倾，抬高大腿，减小步幅，用前脚掌抓地。当斜坡较陡时，应采用“之”字形小跑或走的方式前进。当斜坡过陡时，应采用以单手或双手辅助攀登的越野方式。

4. 下坡跑

运动员在定向越野跑中，若行进路线上遇到下坡道路，应采用上体稍后倾的姿势，以全脚掌或脚跟着地的方式奔跑。若所遇下坡较陡或坡面较滑，可以采用侧身侧脚掌着地的方式下坡。当坡面过陡、过滑时，应采用蹲撑状或蹲坐状的姿势，以手撑地或牵拉住蒿草、树枝等方式下坡。

5. 下跳跑

运动员在定向越野跑中，若遇到坡地需要下跳时，应尽量降低高度，并屈膝深蹲缓冲落地速度，以保护肢体安全；也可通过扶地团身滚动来减缓冲击力，并顺借滚动之势起身继续前跑。

6. 林中跑

运动员在定向越野跑中，若行进路线上遇到树林，应尽量选择林木稀疏之径，并且用手护住脸面，防止被枝叶剐伤眼睛及脸部，同时还要注意地面上的小树丛、杂草及藤蔓等植被，不要被其刷住或绊倒。对于可视度较差的树林，不能贸然进入，否则容易迷失方向。

7. 跨越跑

运动员在定向越野跑中，若行进路线上遇到小壕坑、沟渠、矮灌木丛及倒伏的树木，可以用大步跨跳或跳远的技术越过障碍物。若遇到较宽的沟渠，则需要采用15～25 m 的加速跑来提高助跑初速度，以保证能够完全跳过，落地时要保持前倾趋势，防止后仰倒地。若遇到 2 m 以内的围栏或土堰等障碍物，可以采用正面助跑蹲跳或单、双手支撑翻越的方法通过。

8. 悬空跑

运动员在定向越野跑中，若遇到独木桥等狭窄悬空障碍物，可以采用脚尖外展的外八字脚形跑过，以增加身势的稳定性。当这类障碍物较长时，则应平稳地走过，以避免因跑动失衡而跌落其下。

附 录

国家学生体质健康标准（2014年修订）

一、说明

（1）《国家学生体质健康标准》（以下简称《标准》）是国家学校教育工作的基础性指导文件和教育质量基本标准，是评价学生综合素质、评估学校工作和衡量各地教育发展的重要依据，是《国家体育锻炼标准》在学校的具体实施，适用于全日制普通小学、初中、普通高中、中等职业学校、普通高等学校的学生。

（2）本标准的修订坚持健康第一，落实《国家中长期教育改革和发展规划纲要（2010—2020 年）》、《国务院办公厅转发教育部等部门关于进一步加强学校体育工作若干意见的通知》（国办发〔2012〕53 号）和《教育部关于印发〈学生体质健康监测评价办法〉等三个文件的通知》（教体艺〔2014〕3 号）有关要求，着重提高《标准》应用的信度、效度和区分度，着重强化其教育激励、反馈调整和引导锻炼的功能，着重提高其教育监测和绩效评价的支撑能力。

（3）本标准从身体形态、身体机能和身体素质等方面综合评定学生的体质健康水平，是促进学生体质健康发展、激励学生积极进行身体锻炼的教育手段，是国家学生发展核心素养体系和学业质量标准的重要组成部分，是学生体质健康的个体评价标准。

（4）本标准将适用对象划分为以下组别：小学、初中、高中按每个年级为一组，其中小学为 6 组、初中为 3 组、高中为 3 组。大学一、二年级为一组，三、四年级为一组。

（5）小学、初中、高中、大学各组别的测试指标均为必测指标。其中，身体形态类中的身高、体重，身体机能类中的肺活量，以及身体素质类中的 50 m 跑、坐位体前屈为各年级学生共性指标。

（6）本标准的学年总分由标准分与附加分之和构成，满分为120分。标准分由各单项指标得分与权重乘积之和组成，满分为100分。附加分根据实测成绩确定，即对成绩超过100分的加分指标进行加分，满分为20分；小学的加分指标为1分钟跳绳，加分幅度为20分；初中、高中和大学的加分指标为男生引体向上和1 000 m跑，女生1分钟仰卧起坐和800 m跑，各指标加分幅度均为10分。

（7）根据学生学年总分评定等级：90.0分及以上为优秀，80.0～89.9分为良好，60.0～79.9分为及格，59.9分及以下为不及格。

（8）每个学生每学年评定一次，记入《〈国家学生体质健康标准〉登记卡》。特殊学制的学校，在填写登记卡时可以按规定和需求相应地增减栏目。学生毕业时的成绩和等级，按毕业当年学年总分的50%与其他学年总分平均得分的50%之和进行评定。

（9）学生测试成绩评定达到良好及以上者，方可参加评优与评奖；成绩达到优秀者，方可获体育奖学分。测试成绩评定不及格者，在本学年度准予补测一次，补测仍不及格，则学年成绩评定为不及格。普通高中、中等职业学校和普通高等学校学生毕业时，《标准》测试的成绩达不到50分者按结业或肄业处理。

（10）学生因病或残疾可向学校提交暂缓或免予执行《标准》的申请，经医疗单位证明，体育教学部门核准，可暂缓或免予执行《标准》，并填写《免予执行〈国家学生体质健康标准〉申请表》，存入学生档案。确实丧失运动能力、被免予执行《标准》的残疾学生，仍可参加评优与评奖，毕业时《标准》成绩需注明免测。

（11）各学校每学年开展覆盖本校各年级学生的《标准》测试工作，《标准》测试数据经当地教育行政部门按要求审核后，通过“中国学生体质健康网”上传至“国家学生体质健康标准数据管理系统”。测试和数据上传时间由教育行政部门确定。

（12）本标准由教育部负责解释。

二、单项指标与权重（大学）

表1　　单项指标与权重（大学）

测试对象	单项指标	权重（%）
大学各年级	体重指数（BMI）	15
	肺活量	15
	50m跑	20
	坐位体前屈	10
	立定跳远	10
	引体向上（男）/1分钟仰卧起坐（女）	10
	1 000 m跑（男）/800 m跑（女）	20

注：体重指数（BMI）=体重（kg）/身高^2（m^2）。

三、评分表

表2　　体重指数（BMI）单项评分表（单位：kg/m^2）

等级	单项得分	大学男生	大学女生
正常	100	17.9～23.9	17.2～23.9
低体重	80	≤17.8	≤17.1
超重	80	24.0～27.9	24.0～27.9
肥胖	60	≥28.0	≥28.0

表3　　大学各年级评分表

	项目	男生肺活量（mL）		女生肺活量（mL）		男生50m跑（s）		女生50m跑（s）		男生坐位体前屈（cm）		女生坐位体前屈（cm）	
等级	单项得分	大一、大二	大三、大四	大一、大二	大三、大四	大一、大二	大三、大四	大一、大二	大三、大四	大一、大二	大三、大四	大一、大二	大三、大四
优秀	100	5 040	5 140	3 400	3 450	6.7	6.6	7.5	7.4	24.9	25.1	25.8	26.3
	95	4 920	5 020	3 350	3 400	6.8	6.7	7.6	7.5	23.1	23.3	24.0	24.4
	90	4 800	4 900	3 300	3 350	6.9	6.8	7.7	7.6	21.3	21.5	22.2	22.4
良好	85	4 550	4 650	3 150	3 200	7.0	6.9	8.0	7.9	19.5	19.9	20.6	21.0
	80	4 300	4 400	3 000	3 050	7.1	7.0	8.3	8.2	17.7	18.2	19.0	19.5
及格	78	4 180	4 280	2 900	2 950	7.3	7.2	8.5	8.4	16.3	16.8	17.7	18.2
	76	4 060	4 160	2 800	2 850	7.5	7.4	8.7	8.6	14.9	15.4	16.4	16.9
	74	3 940	4 040	2 700	2 750	7.7	7.6	8.9	8.8	13.5	14.0	15.1	15.6
	72	3 820	3 920	2 600	2 650	7.9	7.8	9.1	9.0	12.1	12.6	13.8	14.3
	70	3 700	3 800	2 500	2 550	8.1	8.0	9.3	9.2	10.7	11.2	12.5	13.0
	68	3 580	3 680	2 400	2 450	8.3	8.2	9.5	9.4	9.3	9.8	11.2	11.7
	66	3 460	3 560	2 300	2 350	8.5	8.4	9.7	9.6	7.9	8.4	9.9	10.4
	64	3 340	3 440	2 200	2 250	8.7	8.6	9.9	9.8	6.5	7.0	8.6	9.1
	62	3 220	3 320	2 100	2 150	8.9	8.8	10.1	10.0	5.1	5.6	7.3	7.8
	60	3 100	3 200	2 000	2 050	9.1	9.0	10.3	10.2	3.7	4.2	6.0	6.5
不及格	50	2 940	3 030	1 960	2 010	9.3	9.2	10.5	10.4	2.7	3.2	5.2	5.7
	40	2 780	2 860	1 920	1 970	9.5	9.4	10.7	10.6	1.7	2.2	4.4	4.9
	30	2 620	2 690	1 880	1 930	9.7	9.6	10.9	10.8	0.7	1.2	3.6	4.1
	20	2 460	2 520	1 840	1 890	9.9	9.8	11.1	11.0	−0.3	0.2	2.8	3.3
	10	2 300	2 350	1 800	1 850	10.1	10.0	11.3	11.2	−1.3	−0.8	2.0	2.5

续表

	项目	男生立定跳远（cm）		女生立定跳远（cm）		男生引体向上（次）		女生仰卧起坐（个/min）		男生1 000 m 跑		女生 800 m 跑	
等级	单项得分	大一、大二	大三、大四	大一、大二	大三、大四	大一、大二	大三、大四	大一、大二	大三、大四	大一、大二	大三、大四	大一、大二	大三、大四
优秀	100	273	275	207	208	19	20	56	57	3'17"	3'15"	3'18"	3'16"
	95	268	270	201	202	18	19	54	55	3'22"	3'20"	3'24"	3'22"
	90	263	265	195	196	17	18	52	53	3'27"	3'25"	3'30"	3'28"
良好	85	256	258	188	189	16	17	49	50	3'34"	3'32"	3'37"	3'35"
	80	248	250	181	182	15	16	46	47	3'42"	3'40"	3'44"	3'42"
及格	78	244	246	178	179			44	45	3'47"	3'45"	3'49"	3'47"
	76	240	242	175	176	14	15	42	43	3'52"	3'50"	3'54"	3'52"
	74	236	238	172	173			40	41	3'57"	3'55"	3'59"	3'57"
	72	232	234	169	170	13	14	38	39	4'02"	4'00"	4'04"	4'02"
	70	228	230	166	167			36	37	4'07"	4'05"	4'09"	4'07"
	68	224	226	163	164	12	13	34	35	4'12"	4'10"	4'14"	4'12"
	66	220	222	160	161			32	33	4'17"	4'15"	4'19"	4'17"
	64	216	218	157	158	11	12	30	31	4'22"	4'20"	4'24"	4'22"
	62	212	214	154	155			28	29	4'27"	4'25"	4'29"	4'27"
	60	208	210	151	152	10	11	26	27	4'32"	4'30"	4'34"	4'32"
不及格	50	203	205	146	147	9	10	24	25	4'52"	4'50"	4'44"	4'42"
	40	198	200	141	142	8	9	22	23	5'12"	5'10"	4'54"	4'52"
	30	193	195	136	137	7	8	20	21	5'32"	5'30"	5'04"	5'02"
	20	188	190	131	132	6	7	18	19	5'52"	5'50"	5'14"	5'12"
	10	183	185	126	127	5	6	16	17	6'12"	6'10"	5'24"	5'22"

表 4　　大学加分指标评分表

	男生引体向上（次）		女生仰卧起坐（次）		男生 1 000 m 跑		女生 800 m 跑	
加分	大一、大二	大三、大四	大一、大二	大三、大四	大一、大二	大三、大四	大一、大二	大三、大四
10	10	10	13	13	−35"	−35"	−50"	−50"
9	9	9	12	12	−32"	−32"	−45"	−45"
8	8	8	11	11	−29"	−29"	−40"	−40"
7	7	7	10	10	−26"	−26"	−35"	−35"
6	6	6	9	9	−23"	−23"	−30"	−30"
5	5	5	8	8	−20"	−20"	−25"	−25"
4	4	4	7	7	−16"	−16"	−20"	−20"
3	3	3	6	6	−12"	−12"	−15"	−15"
2	2	2	4	4	−8"	−8"	−10"	−10"
1	1	1	2	2	−4"	−4"	−5"	−5"

注：引体向上、一分钟仰卧起坐均为高优指标，学生成绩超过单项评分 100 分后，以超过的次数所对应的分数进行加分；1 000 m 跑、800 m 跑均为低优指标，学生成绩低于单项评分 100 分后，以减少的秒数所对应的分数进行加分。